ÉCONOMIE POLITIQUE POPULAIRE

LE TRAVAIL

RICHESSE DU PEUPLE

PAR LE Dr A. JOIRE (DE LILLE)

Première Partie.

« La France représente, au point de vue de la production, le champ d'exploitation le plus riche, et, sous le rapport de la consommation, le plus beau marché du monde. (Page 53.) »

PARIS
LIBRAIRIE G. MASSON, ÉDITEUR
Libraire de l'Académie de Médecine
120, Boulevard Saint-Germain.

1881

ÉCONOMIE POLITIQUE POPULAIRE

LE TRAVAIL

RICHESSE DU PEUPLE

PAR LE Dr A. JOIRE (DE LILLE)

Première Partie.

« La France représente, au point de
« vue de la production, le champ d'ex-
« ploitation le plus riche, et, sous le rap-
« port de la consommation, le plus beau
« marché du monde. (Page 58.) »

PARIS
LIBRAIRIE G. MASSON, ÉDITEUR
Libraire de l'Académie de Médecine
120, Boulevard Saint-Germain.

1881

I.

Au moment où s'agite la question des traités de commerce entre la France et l'Angleterre, il me paraît de la plus haute importance de faire ressortir, ainsi qu'on l'a fait bien des fois, la situation respective des deux peuples au point de vue de l'Économie politique.

A part quelques hommes qui ont fait des questions économiques une étude spéciale, cette science est généralement négligée et ignorée du plus grand nombre. Cependant, les sujets qui s'y rattachent sont des plus importants, et si la définition qu'on en donne est considérée comme exacte : *l'étude des sources et de la dissémination des richesses,* on comprend qu'elle ne doit pas être seulement le domaine de quelques esprits d'élite, mais que tous ont intérêt à la connaître; ceux-là surtout dont l'avenir et le bien-être sont plus spécialement visés dans toutes les questions qui s'y débattent, je veux dire les classes ouvrières.

Mais dans cette immense catégorie de la nation, dans les masses populaires, qui donc sait ce que signifie l'Économie politique? Qui donc connaît le premier mot de cette science qui prétend s'intéresser non pas subsidiairement mais tout spécialement à son avenir et à son bonheur?

J'ai publié, il y a quatorze ans, un petit livre ayant pour titre : *Considérations sur l'état présent et l'avenir des classes ouvrières en France ;* j'avais surtout en vue de réagir contre certaines tendances de nos économistes depuis quarante ans ; j'y exposais l'état présent de l'ouvrier et je pronostiquais son avenir prochain parmi nous.

Ces tendances, dont je montrais les suites funestes, avaient toutes pour but de nous entraîner dans la voie suivie par l'Angleterre ; on faisait sans cesse miroiter sous nos yeux la prospérité de la nation anglaise, sous l'empire du développement exagéré de son industrie, et l'accroissement inouï de sa richesse ; et ces brillantes perspectives fascinaient les regards de ceux qui s'arrêtaient à la surface des choses.

« Nos économistes modernes, disais-je, s'occupent assez » en général de l'étude des causes qui développent la » richesse des nations, et songent trop peu à l'examen » de celles qui produisent et entretiennent la misère des » peuples. Serait-il vrai que les mêmes causes doivent » amener cette double situation : Richesses et misère ? » Serait-il possible que la condition précaire des classes » ouvrières dût être considérée comme la conséquence » inévitable du développement exagéré de l'industrie ; et » que le progrès indéfini de la production qu'on nous » représente comme le signe de la prospérité des nations, » au lieu de procurer aux masses populaires le bien-être et » la vie à bon marché, ne leur apporte, au contraire, qu'une » misère et une souffrance jusque-là inconnues ? »

Telle est la thèse dont je voulais entreprendre la démonstration. La prétendue voie du progrès, dans laquelle l'économie politique moderne veut entraîner la France à la remorque de l'Angleterre, ne peut amener pour nos classes ouvrières qu'un progrès de misères ; et ne peut être pour tous les esprits sérieux et réfléchis qu'une illusion suivie de déceptions amères.

J'ai montré, par l'exemple de l'Angleterre, quel est le sort réservé parmi nous à l'ouvrier.

II

On prétend aujourd'hui vouloir octroyer au peuple une instruction non seulement libre, mais obligatoire; je soutiendrais volontiers que ce qu'on impose comme un devoir est plus que cela, que c'est un droit plus réel, plus rationnel que le droit au travail.

On va créer pour lui l'enseignement sous toutes ses formes; je doute qu'on ait songé jusqu'ici à lui préparer celui de l'Économie politique; et si on y a pensé, je crains fort que ses maîtres ne l'entraînent, de parti pris, dans la voie des idées dominantes en France depuis quarante ans, et que, sous l'empire de théories erronées, on ne fascine son esprit de doctrines fausses et désastreuses.

« Le défaut de connaissances sur ce sujet, de la » part d'un bon nombre de ceux qui prétendent discuter » les questions d'économie sociale; les efforts d'une cer- » taine école travaillant à entraîner les esprits dans une » voie qui me paraît funeste pour la France, imposent à » quiconque a pu se créer une *conviction indépendante*, le » devoir d'exposer et de défendre ce qu'il croit être la » vérité. »

J'ai parcouru depuis quarante ans, avec toute l'attention qu'ils méritaient, la plupart des travaux publiés sur l'Économie politique; j'ai consacré à l'étude de cette science, utile entre toutes, la plus grande partie de mes loisirs, et le livre indiqué plus haut en a été le fruit.

Ce qui s'est produit depuis cette époque, ce qui se passe en ce moment, je l'ai annoncé comme la conséquence déplorable des idées en vogue autour du Pouvoir d'alors; et les quelques pages que je pourrais citer, *sur la vie à bon marché*, *sur l'avenir industriel des États-Unis*, *sur la misère du peuple en Angleterre*, n'étaient que l'annonce anticipée des faits qui se déroulent sous nos yeux.

Cependant, le peuple, l'ouvrier, passe inconscient devant eux sans songer aux causes qui les ont produits, et celles-ci, j'estime qu'il doit les connaître, et que son intelligence, qu'on prétend vouloir développer, le met en mesure de les apprécier, de les juger. C'est donc l'état présent du peuple que je veux exposer ici, l'état de plus des trois quarts de la population française.

Cette situation ne peut que s'aggraver encore sous l'empire des errements que nous subissons aujourd'hui ; elle peut s'améliorer si l'ouvrier, ayant l'intelligence des faits et de leurs causes, se prend d'une volonté énergique de réagir contre tout ce qui compromet ses intérêts et son bien-être.

Entre toutes les parties de l'instruction qu'on veut obligatoire pour tous, je n'en vois donc aucune qui soit plus importante que l'Économie politique ; et c'est en vue de mettre cette science à la portée de tous que je publie ces pages.

La première de toutes les questions à examiner est celle du *travail* considéré comme source de la richesse du peuple. Les considerations à ce sujet ne réclameront pas, pour être comprises, de grands efforts d'intelligence ; elles ne seront que des idées simples, accessibles à tous et qui trouveront dans tous les esprits un écho sympathique.

Ce n'est pas un traité complet d'économie politique que j'ai eu dessein de produire ; j'ai voulu aborder seulement les sujets qui se rattachent spécialement à la situation des classes ouvrières.

Après la question du travail, je m'occuperai de celle de l'ouvrier dans les phases diverses de son existence, de ses rapports au sein de notre économie sociale, de ses devoirs et de ses droits.

Ma seule prétention et mon seul bonheur seront de faire naître dans l'esprit de quiconque lira ces pages : que ceci est un livre de conviction, de bonne foi et de raison.

Les circonstances présentes me portent à publier immédiatement la première partie, relative au travail.

Toute chose doit venir à son heure; les réflexions d'un jour sont rarement opportunes et applicables le lendemain. « Il faut se hâter, parce que la société elle-même se hâte, » entraînée comme par un courant rapide, vers un avenir » inconnu. » Il faut se presser de parler, de montrer la vérité au peuple et de s'efforcer de le prémunir contre les erreurs dont il est trop souvent victime.

LE TRAVAIL

RICHESSE DU PEUPLE

I

Le travail, source de la richesse du peuple.

I. Que le travail soit la source de la richesse d'un peuple, qu'il en soit même la principale source, cela ne fait doute pour personne. Les économistes de tous les temps ont soutenu cette thèse; l'Angleterre, nation éminemment pratique, en a fait la démonstration expérimentale. Un économiste italien, Génovési, dans un chapitre intitulé : *L'art de faire de l'argent,* s'exprimait en ces termes : « Les Don Quichotte de la philosophie et les Sisyphe de la chimie, après s'être alambiqué le cerveau pendant de longues années, ont enfin reconnu qu'il n'y a d'autre moyen de faire de l'argent que le *travail honnête.* »

Il faut définir le travail.

« Le travail, dit Ad. Smith, est une puissance dont l'homme est la machine », mais la machine ne peut rien créer; il faut quelque chose sur quoi s'exerce cette puissance; ce quelque chose, c'est l'élément du travail.

Les éléments du travail sont fournis par la nature; le plus souvent, sans application directe, ils sont transformés par l'homme en productions utiles et acquièrent ainsi leur valeur.

Je laisse de côté le travail intellectuel que l'on considère aussi comme source de production des valeurs, ne voulant m'occuper d'abord que des choses transformées par le travail manuel de l'homme.

Nous avons donc en présence, d'une part, la machine, l'ouvrier ; de l'autre, l'élément de production.

Les premiers éléments sur lesquels s'exerce l'activité de l'homme sont les ressources du sol ; et son premier travail, c'est le travail agricole. De la terre qui le porte, l'homme n'en peut rien attendre sans travail ; mais s'il remue cette terre, s'il laboure son champ, s'il y jette une semence ; si d'un sol spontanément stérile il en fait une terre féconde par des engrais et des labours ; sa tâche de producteur accompli, il laisse à la rosée du ciel et à la bienfaisante chaleur du soleil le soin de favoriser son œuvre, et recueille, pour fruit de sa peine, l'aliment le plus nécessaire à l'entretien de la vie. Ensuite il faut à l'homme autre chose que l'aliment ; il doit mettre son corps à l'abri des causes d'altération et de destruction qui l'entourent. Les animaux lui donneront leur fourrure, les troupeaux fourniront leurs toisons ; le travail transformera celles-ci en tissus dont il façonnera ses vêtements.

Le travail agricole est considéré comme la première richesse d'un peuple. Établi sur un sol vaste et fécond, il se trouve dans les conditions les plus favorables au développement de sa population ; et après le travail de la terre, les bras en surcroît peuvent se livrer à la production de tous les objets d'utilité commune. Toutes les industries y sont installées ; elles s'exercent d'abord sur les produits de son propre sol, et il tire de l'étranger les matières premières qu'il n'a pu faire naître autour de lui.

Bientôt, le peuple s'applique, au prix de grands sacrifices, à faire produire tous les éléments primordiaux de ses industries, et à cette fin, en arrête l'entrée par des prohibitions, s'exposant à payer, pour un temps, ces produits plus chers que s'il les tirait de l'étranger, mais acquérant ainsi l'avantage de n'être tributaire que de lui-même, et réservant pour sa nombreuse population tout le bénéfice du travail national.

II. L'exemple le plus remarquable de la tenacité d'un peuple dans cette voie et du succès prodigieux qui en a couronné l'effort, nous est fourni par l'Angleterre.

« Le principe adopté par cette nation depuis des siècles était de n'admettre dans sa consommation que les produits de ses manufactures et de son sol; de repousser ceux d'une industrie étrangère par des prohibitions ou des droits équivalents; enfin, de restreindre par des taxes énormes imposées à l'entrée la consommation des objets que le sol et l'industrie ne peuvent pas produire, tels que les vins et les eaux-de-vie. Ce système avait forcé la nation à consommer ses propres produits, et avait conservé chez elle *la première des richesses nationales, le travail.*

» Pour favoriser l'élevage du bétail, l'Angleterre a frappé de prohibitions les animaux étrangers ; elle a procédé de même pour les laines brutes, et a pu développer ainsi la production de ses belles races de moutons, élevés en si grand nombre en Écosse et en Angleterre, et qui fournissent des laines recherchées de tous côtés.

» Elle s'est imposé d'immenses sacrifices pour développer chez elle l'agriculture ; elle a prohibé pour un temps l'importation des céréales : le blé cultivé en Angleterre lui coûtait juste le double de ce qu'elle aurait dû payer en le tirant de l'étranger. »

En même temps, le gouvernement anglais, bien convaincu que la prospérité de la nation ne reposait que sur le commerce et l'industrie, ne s'occupait que des moyens de les accroître. Les encouragements étaient prodigués pour leur offrir des débouchés, pour étouffer dans son berceau l'industrie naissante d'un autre peuple ; pour faire respecter les personnes et les propriétés partout où pénétrait sa marine, pour obtenir des privilèges dans tous les pays de consommation. Identifié et presque incorporé avec le commerce, le gouvernement le suivait et le protégeait sur tous les points du globe. Il envoyait à grands frais des ambassadeurs pour apporter des présents aux souverains, faire goûter ses productions et établir des relations commerciales avec le pays; en un mot, il semblait ne penser et n'agir que pour améliorer et agrandir son commerce et son industrie. C'est par de tels moyens que l'Angleterre devait s'élever au premier rang des nations commerçantes et manufacturières.

Malheureusement, la tendance individuelle d'un peuple exclusivement commerçant est d'arriver à n'aimer et n'estimer que les richesses, et à les placer fort au-dessus des hommes qui les produisent. C'est une expérience constante qui s'étend des individus aux nations.

Je dirai ailleurs quelles en sont les conséquences pour les classes ouvrières; j'ai voulu seulement, dans ce chapitre, montrer par quelles voies on peut arriver à conserver chez un peuple toutes les prérogatives du Travail national; et l'exemple de l'Angleterre, qui vient d'être exposé, en fournit la démonstration expérimentale.

II

Une question au socialisme à propos du travail.

Quand je rencontre dans mes lectures un passage qui se rattache même accessoirement au sujet de mes études, je m'en empare, non à la façon d'un plagiaire, mais en déclarant tout d'abord qu'il n'est pas de moi, ne voulant que procurer à d'autres le charme qu'il m'a fait goûter.

I. « Dieu a gratifié l'homme de facultés qui ne doivent

servir qu'à accomplir sa destinée sur la terre. La destinée de l'homme est de travailler, de travailler rudement d'un soleil à un autre, d'arroser la terre de ses sueurs.

» *Nudus in nudà humo*, tel est l'état dans lequel il l'a jeté sur la terre, dit Pline l'Ancien. C'est à force de travail que l'homme pourvoit à tout ce qui lui manque. Il faut qu'il se vêtisse en arrachant au tigre ou au lion la peau qui les recouvre pour en couvrir sa nudité; puis, les arts se développant, il faut qu'il file la toison de ses moutons, qu'il en rapproche les fils par le tissage, pour en faire une toile continue qui lui serve de vêtement. Cela ne lui suffit pas, il faut qu'il se dérobe aux variations de l'atmosphère, qu'il se construise une demeure où il échappe à l'inégalité des saisons, aux torrents de la pluie, aux ardeurs du soleil, aux rigueurs de la gelée. Après avoir vaqué à ces soins, il faut qu'il se nourrisse, qu'il se nourrisse tous les jours, plusieurs fois par jour ; et tandis que l'animal, privé de raison, mais couvert d'un plumage ou d'une fourrure qui le protège, trouve, s'il est oiseau, des fruits mûrs suspendus aux arbres ; s'il est quadrupède herbivore, une table toute servie dans la prairie ; s'il est carnassier, un gibier tout préparé dans ces animaux qui pâturent, l'homme est obligé de se procurer des aliments en les faisant naitre ou en les disputant à des animaux plus rapides ou plus forts que lui.

» Cet oiseau, ce chevreuil dont il pourrait se nourrir ont des ailes ou des pieds agiles ; il faut qu'il prenne une branche d'arbre, qu'il la courbe, qu'il en fasse un arc, que sur cet arc il pose un trait et qu'il abatte cet animal pour s'en emparer ; puis enfin qu'il le présente au feu, car son estomac répugne à la vue du sang et des chairs palpitantes. Voici des fruits qui sont amers, mais il y en a de plus doux à côté : il faut qu'il les choisisse, afin de les rendre par la culture plus doux et plus savoureux. Parmi les grains, il y en a de vides ou de légers, mais dans le nombre, quelques-uns sont plus nourrissants : il faut qu'il les choisisse, qu'il les sème dans une terre grasse qui les rendra plus nourrissants encore, et que, par la culture, il les convertisse en froment.

» Au prix de ces soins, l'homme finit par exister, par exister supportablement, et Dieu aidant, beaucoup de révolutions s'opérant sur la terre, les empires croulant les uns sur les autres, les générations se succédant, se mêlant entre elles du nord au midi, de l'orient à l'occident, échangeant leurs idées, se communiquant leurs inventions, de hardis navigateurs allant de cap en cap, de la Méditerranée à l'Océan, de l'Océan à la mer des Indes, de l'Europe en Amérique, rapprochant les produits de l'univers entier, l'espèce humaine arrive à ce point que sa misère s'est changée en opulence, qu'au lieu de peaux de bêtes, elle porte des vêtements de soie et de pourpre; qu'elle vit des aliments les plus succulents, les plus variés, produits souvent à quatre mille lieues du sol où ils sont consommés, et que sa demeure, pas plus élevée d'abord que la cabane du castor, a pris les proportions du Parthénon, du Vatican, des Tuileries.

» Cet être si dépourvu, qui n'avait rien, se trouve dans l'abondance. Par quels moyens ? Par le Travail, le travail opiniâtre et intelligent.

» Il est nu, privé de tout, en paraissant sur la terre ; mais il a des facultés inégalement réparties entre tous les êtres de son espèce ; il les emploie, et, par cet emploi, il arrive à posséder ce qui lui manquait, à être maître des éléments et presque de la nature.

» L'homme a donc ses facultés pour s'en servir, non pas pour en jouer comme l'oiseau joue de ses ailes, de son bec ou de sa voix. Le temps du loisir viendra un jour : cette voix, il en fera celle d'un chanteur mélodieux ; ces pieds, ces mains, les pieds, les mains d'un danseur agile ; mais il faut qu'il travaille durement, longtemps avant d'en arriver à ces loisirs ; il faut qu'il travaille pour exister. Voilà où conduit l'observation de son être, comme l'observation du castor, du mouton, du lion conduit à dire que l'un est un animal constructeur, l'autre un herbivore, le troisième un carnassier.

II. » Poussons plus avant. Il faut que l'homme travaille, il le faut absolument, afin de faire succéder à sa misère native le bien-être acquis de la civilisation. Mais pour qui voulez-vous qu'il travaille ? Pour lui ou pour un autre. ?

» Je suis né dans une île de l'Océanie ; je me nourris de poisson. J'aperçois qu'à telles heures du jour, le poisson fréquente telles eaux. Avec les brins tordus d'un végétal, je forme des fils, puis de ces fils un filet ; je le jette dans l'eau et j'enlève le poisson. Ou bien, je suis né en Asie-Mineure, dans les lieux où l'on dit que s'arrêta l'arche de Noé, et que le grain appelé froment se montra pour la première fois aux hommes. Je me voue à la culture. J'enfonce un fer en terre ; je présente cette terre ainsi remuée à l'air fécondant ; j'y jette du grain, je veille autour tandis qu'il pousse ; je le recueille quand il est mûr, je le broie, je le soumets au feu, j'en fais du pain.

» Ce poisson que j'ai pêché avec tant de patience, ce pain que j'ai fabriqué avec tant d'efforts, à qui sont-ils ? A moi qui me suis donné tant de peines, ou au paresseux qui dormait pendant que je m'appliquais à la pêche ou à la culture ? Le genre humain tout entier répondra que c'est à moi ; car enfin il faut que je vive, et de quel travail vivrai-je, si ce n'est du mien ? Si, au moment où je vais porter à ma bouche ce pain que j'ai fabriqué, un paresseux se jetait sur moi et me l'enlevait, que me resterait-il à faire sinon à me jeter à mon tour sur un autre, à lui rendre ce qu'on m'aurait fait ? Celui-ci rendrait à un troisième, et le monde, au lieu d'être un théâtre de travail, deviendrait un théâtre de pillage. De plus, comme piller est un acte prompt et facile si l'on est fort, tandis que produire est un acte lent, difficile, l'emploi de toute sa vie, le pillage serait préféré à la pêche, à la chasse, à la culture. L'homme resterait tigre ou lion, au lieu de devenir un citoyen d'Athènes, de Florence, de Paris ou de Londres.

» Ainsi l'homme n'a rien en naissant, mais il a des facultés variées, puissantes, dont l'emploi peut lui procurer tout ce qui lui manque. Il faut qu'il les emploie. Mais quand il les a employées, il est d'une équité évidente que le résultat de son travail lui profite à lui, non à un autre, devienne sa propriété exclusive. Cela est équitable, et cela est nécessaire ; car il ne travaillerait pas, il s'occuperait à piller, s'il n'était pas sûr de recueillir le fruit de son travail ; son semblable en ferait autant, et ces pillards, se rejetant les uns sur les autres, ne trouveraient bientôt plus à piller que la nature elle-même. Le monde resterait barbare.

» .... Je me résume donc et je dis : l'homme a une première propriété dans sa personne et ses facultés ; il en a une seconde, moins adhérente à son être, mais non moins sacrée, dans le produit de ces facultés, qui embrasse tout ce qu'on appelle les biens de ce monde, et que la société est intéressée au plus haut point à lui garantir ; car sans cette garantie, point de travail ; sans le travail, pas de civilisation, pas même le nécessaire, mais la misère, le brigandage, la barbarie. » (Thiers.)

Je n'ai pu me dispenser, malgré la répétition de quelques lignes produites déjà sur ce sujet dans le précédent chapitre, de citer ici ce beau passage de l'éloquent publiciste, relatif à la connexion intime du travail et de la propriété.

III

Principes élémentaires d'économie politique.

I. Je dois exposer ici les principes les plus élémentaires et les plus rationnels d'Économie politique sur ce qui concerne le commerce et l'industrie, principes si étrangement travestis par certaine école prétendue libérale.

L'Économie politique moderne ne juge de la prospérité d'un peuple que par le progrès du travail national, c'est-à-dire par le développement de la production. Mais une production progressive exige rigoureusement une consommation progressive dans une mesure parallèle.

Or, comment créer cette consommation ? Où trouver des consommateurs qui absorbent le surcroît ?

Il faut les rencontrer, soit dans le lieu même où s'est faite la production, soit dans les contrées étrangères qui ne produisent pas ou produisent moins que ce qu'elles consomment.

Pour accroître la consommation d'un peuple, a-t-on dit, il faut augmenter sa population.

A une époque qui n'est pas bien loin de nous, on commençait à s'effrayer du développement considérable que prenaient les populations européennes ; aujourd'hui, on considère comme le signe de la décadence prochaine d'une nation l'état stationnaire de sa population.

L'accroissement de la population ne peut atteindre le but désiré que de deux manières : ou bien ce surcroît de peuple ne fera que consommer sans produire, ou bien, consommateur de produits industriels, il deviendra producteur d'un autre genre.

Disons tout de suite que la consommation exclusive est une hypothèse toute gratuite ; que, pour les individus comme pour les sociétés, elle mène vite à la ruine. L'économie sociale, d'ailleurs, n'admet pas de situation isolée, et tout homme, quel qu'il soit, est à la fois consommateur et producteur.

Or, cette double condition se faisant équilibre et se soutenant réciproquement, ne se rencontre pas chez tous les peuples ; mais celui qui la possède doit la tenir en haute estime, car elle est pour lui la source de la stabilité dans l'ordre et de la prospérité, et il y aurait *aberration de la part d'un tel peuple à changer un pareil état* pour s'assimiler aux nations qui, livrées presque exclusivement au travail industriel, ne peuvent consommer qu'une part minime de leurs produits.

Il faut, pour réaliser cette condition, qu'il y ait dans une nation comme deux peuples : l'un producteur exclusif du travail industriel, l'autre producteur exclusif aussi du travail agricole. Tous sont consommateurs des deux produits.

L'accroissement de la population se fait progressivement et sans secousses ; et il en sera ainsi tant que le rendement du sol suffira à l'alimentation commune. La production agricole ne cessera pas de croître, et la production industrielle la suivra dans une égale mesure.

Cette situation est précisément celle de la nation française. Son sol fécond et riche pouvant alimenter une population nombreuse et celle-ci, outre le travail de la terre, pouvant suffire à la création et au développement de toutes les industries utiles. La nation tout entière, réalisant le groupement de deux peuples producteurs et consommateurs, peut regarder, sans effroi pour l'avenir, l'exhubérance croissante de sa double population qui ne peut manquer de trouver dans la fécondité croissante du sol les ressources assurées de son alimentation.

II. Il n'en est pas de même du pays dont la population, eu égard à l'exiguité territoriale, ne peut trouver dans l'agriculture les éléments d'une complète alimentation ; si cette population développe le travail industriel au-delà de la limite de ses besoins, elle devra chercher pour ses produits des consommateurs étrangers, et elle recevra d'eux, en échange, les produits agricoles qui lui manquent. Si ce pays retire de son sol les premiers éléments du travail industriel, ce qu'on appelle les matières premières de l'industrie telles que le fer, le charbon, il deviendra par le fait exclusivement industriel, puisqu'il pourra créer au plus bas prix possible des produits utilisés partout.

Pour une nation essentiellement industrielle, il faut sans cesse de nouveaux éléments de consommation ; car la production croît sans cesse avec l'accroissement de la population que le travail appelle toujours. Mais aussi la moindre perturbation sociale, les conflits entre les peuples, la simple imminence de ces conflits entraînent immédiatement l'arrêt du travail par le défaut d'écoulement des produits ; et l'avenir de ce peuple se trouve ainsi à la merci des moindres événements politiques. Mais là n'est pas le seul danger : ce peuple, qui doit réclamer de l'étranger une partie considérable des choses nécessaires à l'alimentation, peut en être privé tout à coup par les calculs et les combinaisons politiques de ses ennemis.

Cette situation précaire devient tôt ou tard le sort des nations dont la production dépasse de beaucoup les limites de sa consommation intérieure. Là, en même temps, s'accumulent dans quelques mains d'immenses richesses, fruits des échanges multipliés des produits industriels, et à côté d'elles se rencontrent ces masses populaires attirées par le travail et que les moindres crises commerciales jettent dans la misère.

Telle est en réalité la condition de l'Angleterre.

Ce pays, fort exigu eu égard à sa population, a développé au-delà de toute limite le travail national et peut fournir au plus bas prix possible tous les produits créés par l'industrie.

Le travail agricole y a subi aussi de grands développements; l'Angleterre parvient à tirer de son sol une bonne partie des produits essentiels à sa consommation alimentaire; mais c'est au prix d'immenses efforts et avec des dépenses de beaucoup supérieures à celles qui seraient nécessaires pour obtenir ces produits de l'étranger.

Ces efforts et ces sacrifices, elle ne cesse néanmoins de les continuer, tant est grande sa crainte de se trouver, pour les premières nécessités de la vie, dépendante des peuples voisins.

Dans l'impossibilité de consommer tous ses produits industriels, l'Angleterre doit donc se créer au dehors des voies d'écoulement. Les colonies sont pour elle comme un deuxième peuple exclusivement consommateur dans l'espèce, et fournissant en échange soit les objets de consommation alimentaire, soit, chose très importante, les éléments du travail industriel, le coton, par exemple. Dans cette condition, la Grande-Bretagne réalise les avantages que je posais tout à l'heure comme les plus favorables à la prospérité nationale; seulement, cet échange, fait à distance, peut à tout instant se trouver entravé par les luttes internationales; et, s'il est une source de prospérité par le commerce, il peut devenir aussi la cause de grands embarras.

Mais l'abondance de la production progressant toujours, et les colonies se trouvant pourvues au-delà de leurs besoins, il faut à l'Angleterre de nouveaux consommateurs.

C'est vers les nations européennes qu'elle tourne ses regards pour trouver dans les populations agglomérées des moyens d'absorption pour le surcroît de sa production. Mais presque partout elle trouve implanté le travail industriel.

Le prix de revient des produits de l'industrie est variable en raison des causes multiples inhérentes à chaque nation, et ce prix est partout plus élevé que celui des produits similaires offerts par l'Angleterre. Celle-ci trouverait donc autour d'elle de nombreux marchés qu'elle pourrait exploiter avec profit. Mais que deviendrait, en face de cette concurrence, le travail national?

Ce travail, qui est la vie et la richesse du peuple, se trouverait par le fait instantanément anéanti.

C'est pour le maintenir que chaque nation frappe les produits de l'étranger d'un impôt ou d'un droit basé sur la différence de valeur avec ceux de sa production ; et cet impôt, qui profite d'abord à l'État, devient *la sauvegarde du travail national.*

Telle est la barrière que l'Angleterre rencontre autour d'elle au passage de ses produits industriels; barrière qu'elle voudrait parvenir à abaisser partout, aujourd'hui, qu'entre *toutes les nations du globe, elle est celle qui profiterait le plus de cet abaissement.*

Elle fait valoir le prestige de ses grandes richesses acquises par les échanges multipliés de ses produits avec ceux des nations qui ont accepté ses traités de commerce; mais elle a soin de dissimuler les immenses avantages que lui fait sa situation présente dans les relations internationales.

IV

La volte-face de l'Angleterre.

I. Il faut qu'on se pénètre bien de ce fait que l'Angleterre, malgré les avantages exceptionnels qu'elle possède, n'est pas parvenue à la prospérité où nous la voyons par la voie de la liberté commerciale; elle n'a cessé, *au contraire,* d'abriter son industrie nationale sous la protection de *lois prohibitives* d'abord, puis d'*impôts relatifs* qui ramenaient chez elle les produits étrangers à une valeur, sinon supérieure, au moins égale à celle de ses propres produits.

Jamais, quoi qu'on en dise, elle n'a procédé autrement; et sa conduite à cet égard doit être un enseignement pour tous les peuples qui veulent donner au *travail national* un développement sérieux :

« Après avoir tiré un si utile profit des lois prohibitives » pour le développement de leur industrie nationale, les » Anglais regardent comme une erreur dont ils sont re- » venus ce qu'ils appellent leur ancienne passion prohibi- » tive qui n'a pas peu contribué à entretenir l'orgueilleux » égoïsme d'un gouvernement qui se proclame aujourd'hui » si libéral. »

Je veux exposer d'abord la voie qu'a suivie l'Angleterre *dans tous les temps* pour atteindre au degré de prospérité industrielle qu'elle nous présente, et signaler ensuite les *moyens moraux* qu'elle emploie, de l'aveu même de ses publicistes, pour faire accepter des nations européennes le système de la liberté commerciale.

Les mesures de patronage en faveur de l'industrie nationale, au moyen de prohibitions ou de tarifs des douanes, constituent ce qu'on nomme le *système protecteur, et c'est en Angleterre que ces mesures ont été coordonnées en un système régulier et complet.* C'est à l'abri de ce système que toutes les industries y ont reçu un développement sans exemple dans l'histoire du monde.

Tout ce que l'Angleterre doit tirer de l'étranger pour ses besoins, elle le reçoit en échange des produits en surcroît de sa consommation. Mais dès qu'elle a voulu implanter chez elle la fabrication de produits nouveaux dont la rémunération semblait devoir lui assurer pour l'avenir de grands avantages, elle a frappé immédiatement d'interdiction tout produit similaire étranger ; et comme elle était en mesure de développer sur une large échelle ces productions nouvelles, elle arrivait bientôt à les obtenir à un prix qui permettait la concurrence non seulement sur ses propres marchés, mais aussi sur ceux de l'étranger. Dès lors, elle levait d'abord l'interdiction sur le produit similaire et frappait celui-ci d'un droit relatif ; puis, quand la concurrence au dehors lui était devenue possible, elle recevait ce produit en pleine franchise et réclamait la liberté de l'échange. Souvent même, pour concéder la libre admission d'un produit, elle réclamait la franchise pour plusieurs autres ; faveur que les nations voisines lui concédaient de bonne grâce, fascinées par la perspective d'un nouveau marché ouvert, sans songer que ce marché est fourni en surabondance, et sans nulle concurrence possible, par l'industrie nationale.

Je démontrerai plus tard que lors du traité de commerce avec la France en 1786, leurré par quelques avantages que nous offrit l'Angleterre, le ministre qui concourut à ce traité s'estima très heureux de ces faveurs dont il s'exagérait l'importance, et se hâta de lui accorder, en échange, des concessions qui devaient bientôt ruiner notre industrie, anéantir le travail national et jeter dans la misère nos populations ouvrières.

L'Angleterre possède plusieurs avantages qui facilitent chez elle l'implantation des grandes industries. Elle tire de son sol, et à des conditions exceptionnellement favorables, les premiers éléments de l'industrie moderne, la houille et le fer. Aujourd'hui que la mécanique et la vapeur sont devenues les plus puissantes ressources industrielles, le peuple qui possède le fer et le charbon doit avoir sur tous les autres une prépondérance incontestée.

L'Angleterre devait jadis réclamer de l'étranger les matières premières du travail : le coton, la soie et la laine ;

ses immenses colonies lui ont bientôt fourni, en grande partie du moins, les deux premières; et quant à la laine, ses nombreux pâturages lui ont permis de développer cette production au-delà même de ses besoins. Mais qu'on se garde bien de croire que l'Angleterre ait ouvert dès l'origine ses marchés aux laines étrangères; elle s'est abritée, *au contraire, comme toujours*, sous la sauvegarde des prohibitions; car, pour développer une industrie nouvelle, il faut que celle-ci trouve dans la production une rémunération sérieuse qui l'encourage.

L'Angleterre trouve encore dans l'accumulation des grands capitaux plus de facilité à l'exploitation de l'industrie sur une large échelle; l'abaissement des frais généraux de fabrication permettant de produire à plus bas prix.

Une autre condition également favorable dans l'espèce, c'est l'abaissement du prix du travail.

L'agglomération des populations ouvrières, là où se développe le travail industriel, entraine bientôt la concurrence. Le travail, largement rémunéré d'abord, fournit à l'ouvrier un salaire qui suffit à ses besoins et lui permet même quelques réserves ; mais le nombre croissant des travailleurs devient tel que l'offre excède la demande.

La condition demeure favorable tant que peut croitre la production ; mais dès que celle-ci a atteint certaines limites, l'offre du travail continuant, le prix s'abaisse jusqu'au niveau des stricts besoins de la vie. C'est le résultat naturel de toute concurrence.

Telles sont les principales causes qui ont concouru à la prospérité exceptionnelle de l'Angleterre et au développement considérable de sa production industrielle; mais telle est aussi la cause de la détresse immense de sa population ouvrière.

II. Parvenue à dominer toutes les nations du globe, capable de lutter partout avec avantage par la supériorité du travail et le bon marché des produits, l'Angleterre changea de tactique ; elle imagina de présenter la liberté absolue d'échanges comme la source de la richesse des nations, de la prospérité et du bien-être des peuples ; elle voulut faire croire que les lois de prohibition et de protection n'ont été pour rien dans le développement de sa richesse nationale et qu'elle le doit plutôt à la liberté.

Plusieurs nations furent séduites par ces brillantes théories dont l'application ne pouvait profiter qu'à elle seule. Mais ce ne fut pas sans peine qu'elle parvint à bouleverser chez elles toutes les idées d'économie sociale ; et les moyens qu'elle mit en œuvre pour atteindre ce but sont assez connus pour qu'il soit permis de les rappeler sans être taxé de malveillance.

Elle dut d'abord gagner le suffrage des hommes les plus capables, par le talent et l'habileté, de travailler à la *conversion* des peuples ; et ces hommes, que j'ai peine à croire désintéressés, fascinaient les intelligences par les plus étranges doctrines.

Des journaux, acquis par l'or anglais, avaient ordre de soutenir les mêmes thèses sur la liberté commerciale, jetaient l'illusion dans l'esprit des masses en même temps qu'ils adressaient aux défenseurs des principes opposés les imputations les plus absurdes.

Pour dénigrer le système protectionniste, l'école libérale, souvent trop peu mesurée dans ses ardentes polémiques, ne craint pas de l'assimiler au socialisme :

« L'administration publique, dans toutes les occasions qui lui sont offertes, professe l'opinion protectionniste ; on peut remarquer qu'elle s'aventure jusqu'aux confins du socialisme, si même elle n'a franchi la frontière. Il ne suffit pas de s'écrier qu'on n'est pas socialiste et qu'on repousse ce nom de toute la puissance de son être, les exclamations sincères ne prouvent rien, si ce n'est qu'on se trompe de bonne foi. Je ne connais qu'une manière de prouver qu'on n'est pas socialiste : c'est de ne pas partir des mêmes principes que les écoles ainsi dénommées. Or, le système protectionniste et le socialisme ont la même source.

» L'un et l'autre procèdent par l'extension despotique de l'autorité de l'État et par la substitution de l'arbitraire à la justice. Lorsque l'État s'interpose pour me forcer d'acheter les articles qu'a manufacturés un Français au lieu d'autres de fabrique étrangère qui me plaisent davantage et que j'aurais à meilleur marché, l'État excède ses attributions légitimes ; il me prive d'une liberté naturelle et il me taxe au profit d'un citoyen qui n'est ou qui ne devrait être que mon égal devant la loi, auquel je ne dois aucune redevance pas plus qu'il ne m'en doit lui-même. Le protectionnisme se pare de métaphores patriotiques ; mais le socialisme a ses métaphores philanthropiques qui ne sont pas moins retentissantes. Le socialisme, s'il devenait loi de l'État, violerait la liberté et la justice dans l'intérêt prétendu du grand nombre; le système protectionniste contrevient à l'un et à l'autre dans un intérêt qui n'est pas aussi large, quelquefois au profit d'un tout petit nombre de personnes. Que ceux qui ne se paient pas de mots veuillent donc dire pourquoi, si le protectionnisme est bien, le socialisme est mal; et comment, si le socialisme est digne des feux de l'enfer et des foudres de la société, le protectionnisme a droit aux sympathies des hommes d'ordre et à l'appui cordial des pouvoirs de l'État ? [1] »

On peut, d'après ce court passage, se faire une idée du dévouement des hommes et des journaux qui « travaillent » à rallier les peuples au système de liberté commerciale à l'adoption duquel est lié « l'avenir de l'Angleterre. »

1 Michel Chevalier.

Je ne puis me dispenser de relever l'aberration de l'éminent économiste qui trouve étrange que l'Etat s'interpose pour le contraindre d'acheter ses articles manufacturés en France au lieu d'autres de fabrique étrangère qui lui plaisent davantage et qu'il aurait à meilleur marché.

Non, lui répondrai-je, l'Etat n'excède pas ses attributions légitimes ; en proscrivant la vente de produits fabriqués à l'étranger, il ne vous impose pas une taxe au profit d'un concitoyen auquel vous ne devez aucune redevance ; mais il vous empêche, et c'est là qu'est son droit, de priver l'ouvrier du travail de l'objet convoité par vous ; et ce n'est pas l'intérêt d'un seul manufacturier que vous devez placer en face de votre liberté naturelle, mais bien celui de plus des trois quarts de la population française, de 25 millions d'ouvriers qui ne vivent que du produit de leur travail.

Loin de moi cependant la pensée de taxer avec sévérité la conduite de tous les défenseurs de la liberté absolue ; il en est dont le langage est empreint d'une inébranlable conviction et qui pensent que la France est en mesure de réaliser à son profit tous les avantages que pourrait offrir le libre-échange, qu'elle peut marcher l'égale de l'Angleterre dans la voie d'un développement industriel indéfini.

Mais que dire des hommes qui, plus ardents peut-être à la défense de ces doctrines, ne dédaignent pas, quand leur intérêt se trouve en jeu, de soutenir avec une ardeur égale le système protectionniste, et deviennent, tour à tour et sans honte, les champions du libre-échange et ceux du travail national ? De pareilles contradictions, surtout si elles viennent de haut, sont trop instructives pour être laissées dans l'ombre.

L'éminent publiciste qui écrivait en 1849 les lignes que je viens de citer, Michel Chevalier, dont on a connu l'ardeur pour le libre-échange et qui a joué le rôle le plus actif dans la préparation du traité avec l'Angleterre, exprimait, quelques années auparavant, des opinions fort différentes et dans des termes tellement précis qu'ils ne peuvent donner matière à équivoque.

Candidat à la députation dans le département de l'Aveyron, Michel Chevalier écrivait à ses électeurs :

« Je n'éprouve aucun embarras à le reconnaître, la science abstraite de l'Économie politique recommande, entre autres choses, la liberté des échanges. Est-ce à dire pour cela qu'un gouvernement dont les chefs sont familiers avec l'économie politique et qu'un député, qui se sera livré à l'étude de cette science, ira supprimer les droits protecteurs qu'il trouvera établis et abolira les douanes? Non, assurément; car dans le gouvernement des sociétés on a d'autres prescriptions à écouter que celle de l'économie politique ou de toute autre science abstraite.

» Le propre des sciences abstraites est de raisonner dans des hypothèses générales et de *ne pas tenir compte des circonstances spéciales ou locales des temps et des lieux*. En politique, et dans l'enceinte des assemblées législatives, on procède d'après des règles bien différentes.

» Le département de l'Aveyron a pour principale ressource l'industrie agricole et particulièrement l'élève du bétail; il a aussi, dès à présent et surtout pour l'avenir, l'industrie du fer. Or, je ne tiendrais à rien moins qu'à ruiner des cultivateurs qui élèvent des bœufs et des moutons, et qu'à écraser les forges naissantes, parce que je suis un professeur d'économie politique.

» S'il est un fait reconnu, disent les personnes charitables qui colportent ces bruits, c'est que l'économie politique recommande la liberté commerciale : et, qui ne voit que la libre entrée du bétail et des fers étrangers porterait un grand préjudice à nos cultivateurs, anéantirait nos forges actuelles et empêcherait la création de toutes celles qui se préparent? telle est l'accusation.

» Je ne pense pas qu'elle ait encore ébranlé aucun de

mes amis; je n'ai négligé aucune occasion de montrer combien les intérêts du département m'étaient chers, combien j'avais à cœur de les soutenir.

» Vous ne pouvez manquer de juger de l'avenir par le présent; et vous penserez sans doute que si les éleveurs de bétail et les producteurs de fer étaient *jamais* menacés dans leurs intérêts, *je ne leur ferais pas défaut.*

» Précisons les faits : Qu'il soit ou ne soit pas professeur d'économie politique, tout député de l'Aveyron doit désirer fermement qu'on maintienne, qu'on *étende même,* autant que cela sera possible, les garanties présentes accordées à l'agriculture; tout député de l'Aveyron doit vouloir que l'industrie des fers s'étende dans ce département et y jette de profondes racines; par conséquent on ne peut supposer qu'un député de l'Aveyron se prête à *bouleverser* les conditions administratives, *fiscales* et législatives dont le *maintien est nécessaire* pour que les capitaux continuent à se consacrer à l'établissement de forges nouvelles.

» En un mot, tout député de l'Aveyron, s'il est homme de sens, doit penser que le moment serait malheureusement choisi pour toucher aux droits de douanes sur le bétail et sur les fers, et qu'*une de ses premières obligations est et sera,* vraisemblablement bien longtemps encore, de les défendre au besoin. »

M. le sénateur Michel Chevalier, quelques années à peine après cette profession de foi protectionniste, oubliant les intérêts de ses *bons* électeurs de l'Aveyron, reprenait avec enthousiasme l'application des théories abstraites du professeur d'économie politique et concourait de tous ses efforts à abaisser, au profit de l'Angleterre, tous les droits protecteurs de nos industries nationales.

V

Tactique de l'Angleterre pour convertir la France.

I. Les petites nations fascinées au prestige des idées libérales n'étaient pour l'Angleterre que d'une importance secondaire : celle-ci tenait par dessus tout à *convertir* la France, assurée qu'un tel exemple pourrait entraîner d'autres nations demeurées jusque-là rebelles à ses instances.

Désespérant de nous gagner tout de suite à la liberté absolue, elle se contente d'abord de nous engager par des traités.

En adoptant cette voie, l'Angleterre a rompu en quelque sorte avec ses anciennes habitudes. Il y a plus d'un siècle que Montesquieu écrivait : « L'Angleterre se lie peu par des traités et ne dépend que de ses lois. »

Telle a été en effet la politique constante de la Grande-Bretagne ; elle a toujours cherché à engager le moins possible sa liberté d'action et son avenir.

Cependant, quand une tactique nouvelle lui est conseillée par ses intérêts, elle sait aussi ne pas hésiter.

Entre autres exemples, on en peut citer deux restés célèbres.

L'ambassadeur anglais *Méthuen,* négociateur profond et habile, signa le 27 décembre 1703 un traité par lequel la cour de Lisbonne s'engageait à permettre l'entrée de toutes les étoffes de laine de la Grande-Bretagne sur le même pied qu'avant leur prohibition, à condition que les vins de Portugal paieraient un tiers de moins que ceux de France aux douanes d'Angleterre. Ainsi cette dernière puissance obtenait un privilège exclusif en faveur de ses manufactures, puisqu'on laissait subsister l'interdiction pour celles des autres nations, et en dernier résultat, elle n'accordait aucune faveur au Portugal, dont elle obtenait les vins renommés à un prix très inférieur à ceux de France que repoussaient d'ailleurs des droits très élevés.

Les manufactures portugaises ne pouvaient soutenir une si dangereuse concurrence ; elles disparurent.

L'Angleterre habilla son nouvel allié, et parvint successivement à envahir tous ses produits et ceux de ses colonies. Désormais elle fournit au Portugal des vêtements, des subsistances, les objets de luxe, des vaisseaux, des munitions ; elle *lui renvoyait même ses propres produits manufacturés.* Un million d'Anglais, artisans ou cultivateurs furent occupés à ces travaux. Tout commerce fut donc enlevé au Portugal ; les flottes même destinées au Brésil appartenaient aux Anglais. On a relevé d'une façon exacte que, depuis la découverte des mines du Brésil jusqu'en 1760, il était sorti de cette partie de l'Amérique 3 milliards 800 millions de livres, dont 2 milliards 400 mille livres en or ; tandis que tout le numéraire du Portugal se réduisait, à cette époque, à moins de 20 millions de livres. Ce capital immense, qui a passé tout entier en Angleterre, fut un des premiers éléments de sa puissance colossale. A l'avènement de la reine Anne, la dette publique ne s'élevait plus qu'à 400,000,000 de francs ; elle se montait, lors de la paix d'Utrecht, à 1,450,000,000.

Le Portugal se trouvait réduit à une sorte de colonie anglaise ; le travail national anéanti et la population ouvrière réduite à la dernière misère.

Un membre de la Chambre des communes s'exprimait ainsi à propos de ce traité :

« Que ne devons-nous pas à celui dont l'habileté a su assurer un vaste débouché à nos manufactures, et par conséquent, le travail et l'aisance du peuple anglais ! Pendant les 20 années de prohibition qui ont précédé le traité qu'il a heureusement négocié, les Portugais avaient un tel succès dans la manufacture des laines, que nous n'apportions de ce pays ni or ni argent. Mais, depuis la libre importation de nos étoffes, nous leur enlevons leur or et ne leur laissons d'argent que ce qui leur est indispensable pour leurs nécessités.

» Il ne nous en a rien coûté pour mettre leur commerce entier dans nos mains : l'importation seule de nos *baïettes* paye leurs vins et les achats divers que nous leur faisons. »

« Le traité de 1786 avec la France fut conclu sous les inspirations de Dupont (de Nemours). Le comte de Vergennes, ministre des affaires étrangères, nommé président du conseil des finances à la paix de 1784, eut la pensée de conclure un traité de commerce avec l'Angleterre. Les écrits des économistes et les instances du ministère anglais lui avaient représenté le système protecteur des douanes comme propre à perpétuer les haines nationales et à dépraver les populations respectives, en offrant une sorte de prime à la fraude, au détriment de la perfection des fabriques et au profit de la vieille routine. Il se flatta que la liberté des échanges réciproques des productions des deux pays augmenterait nécessairement nos richesses.

» Mais il n'avait pas calculé que les immenses capitaux de la Grande-Bretagne lui permettaient de faire momentanément des sacrifices à l'aide desquels elle pourrait, en peu d'années, anéantir notre industrie et faire fermer nos manufactures. Il oublia que les Anglais étaient déjà liés avec le Portugal pour leurs approvisionnements de vins et d'autres denrées par le traité de Méthuen. Enfin il avait trop présumé de l'esprit national de la société française. Ainsi, tandis que la nouveauté, l'insouciance et la frivolité engageaient les Français à n'employer que des étoffes anglaises, les Anglais, au contraire, préféraient constamment les vins du Portugal, les soieries et les huiles d'Italie, et ne tiraient guère de la France que son argent. Ce traité, qui devint l'objet de vives controverses, tant en Angleterre qu'en France, fut signé le 30 janvier 1786, et son exécution a laissé encore insoluble la question de la possibilité d'un traité de commerce entre les deux pays.

» Sous l'apparence d'une parfaite égalité, tels furent les résultats, et des stipulations avantageuses que sut se ménager l'Angleterre, et de la manière dont elle exécuta celles qui nous étaient favorables, que les transactions commerciales qui, précédemment, avaient été à peu près balancées entre les deux puissances, enlevèrent chaque année à l'industrie agricole et manufacturière de la France une valeur de 25 millions, formés de l'excédent des importations de l'Angleterre en France sur nos exportations dans la Grande-Bretagne. »

Le résultat final de ce traité fut, comme pour le Portugal en 1703, la ruine de nos manufactures et du travail national, un prodigieux accroissement de la misère du peuple.

Nous avons à présent le secret du traité de 1786.

« La France crie encore contre son auteur ; mais les Anglais l'avaient exigé sous peine de recommencer la guerre. Ils voulurent m'en faire autant, mais j'étais puissant et haut de cent coudées : Je répondis qu'ils seraient maîtres des hauteurs de Montmartre que je m'y refuserais encore, et ces paroles remplirent l'Europe. Ils en imposeront un aujourd'hui, à moins que la clameur publique, toute la masse de la nation ne les force à reculer ; et ce servage, en effet, serait une infamie de plus aux yeux de cette même nation, qui commence à posséder aujourd'hui de vraies lumières sur ses intérêts. » (Napoléon Ier. — Extrait du *Mémorial de Ste-Hélène.*)

De pareils exemples ont-ils pu du moins jeter la lumière sur les conséquences des traités de commerce avec l'Angleterre ? Ce qui va suivre sera la réponse.

II. Je ne pense pas, dit M. Casimir Périer, que ni l'Angleterre ni nos libres échangistes cherchent à se prévaloir de ces deux précédents. L'Angleterre ne pouvait redouter de notre part une concurrence sérieuse, et, confiante dans les grands avantages qu'elle possède, elle était assurée de maintenir partout et toujours sa domination sur nous.

Elle consentait bien à nous concéder une certaine faveur sur les objets de luxe; mais, en nous laissant cette prérogative, elle se croit assurée à tout jamais de produire avec plus d'avantages les objets de consommation plus commune et plus générale.

M. Thiers disait dans son admirable discours en 1851 :

« Les caractères de l'industrie française les voici : c'est l'universalité, la perfection et une certaine cherté relative. Nous faisons de tout avec une rare perfection ; mais parce que nous produisons de tout, cela nous donne des rivaux partout.

» L'Angleterre de son côté fait des produits communs en abondance et avec une grande supériorité ; elle a besoin de trouver pour eux un placement extérieur et, pour l'obtenir, elle peut sacrifier quelques industries de luxe en échange du placement de ses produits surabondants. »

Mais qu'on n'oublie pas que la consommation de ces produits communs est immense, tandis que celle des produits perfectionnés est limitée. Nous pourrons arriver à vendre à l'Angleterre pour dix millions de plus d'objets de fantaisie et de luxe, pour vingt millions peut-être de soieries, passementeries, merceries; elle peut nous vendre, *si nous ne nous protégeons pas efficacement,* pour 300 millions de filés et de tissus, pour 300 millions de fer, de houille, de machines, de faïence, de quincailleries, etc., etc.; et tous ces produits consommés en France tourneront au préjudice du travail national. La France aura beau faire, elle ne parviendra pas à lutter avec l'Angleterre dans la préparation de ces produits communs et se trouvera constamment écrasée par la concurrence sur ses propres marchés.

« Les défenseurs du travail national, disait Casimir Périer dans sa brochure sur *le traité avec l'Angleterre*, n'ont cessé d'objecter aux partisans de la libre concurrence que la situation des deux pays n'avait rien de semblable. Jamais il n'a été répondu à cet argument.

» Répétons donc encore, bien que ce soit presque devenu un lieu commun, que l'Angleterre a le fer et la houille, les machines, les transports faciles, prompts et économiques, qu'elle a le grand marché du coton, le choix et les bas prix. Plus que tout cela, elle a le capital toujours prêt et toujours assuré à des conditions impossibles chez nous ; elle a l'infériorité des salaires, infériorité vainement contestée et cause parfois de misères que nos populations ouvrières n'ont heureusement jamais connues. Elle a, en outre, ce qu'il n'est donné à personne de nous garantir, la sécurité et la stabilité.

» Cette stabilité n'est pas seulement le fruit des institutions politiques mais le résultat de sa constitution civile. Les crises industrielles, fréquentes chez elle, ne sont dues qu'à des causes industrielles et commerciales. L'Angleterre, affermie dans la liberté, ignore, heureusement pour elle, et ces commotions sociales et ces mouvements imprévus du pouvoir qui bouleversent un pays de fond en comble. »

En face de ces immenses avantages, la France n'a pas cessé ses prodigieux efforts pour soutenir la concurrence de sa rivale. Ces efforts ne sont pas demeurés sans résultats et il est bon de les faire connaître pour apprécier, malgré les conditions d'infériorité que je viens d'exposer, l'étendue des ressources de notre pays.

Un journal anglais, l'*Economist*, nous fournit des documents importants à constater.

« De 1831 à 1840, la moyenne annuelle du mouvement général du commerce britannique a été de 3 milliards 300 millions. Elle s'est élevée, pour 1856 et 1857, à 8 milliards 75 millions; accroissement de 4 milliards 775 millions, ou 145 p. 100.

» En France, la moyenne du commerce général pour la même période a été de 1 milliard 600 millions; en 1856 et 1857, elle a été de 4 milliards 585 millions; accroissement de 2 milliards 985 millions, ou 186 p. 100.

» Les résultats sont plus frappants encore quand on compare les deux années 1856 et 1857 aux quinze années écoulées de 1841 à 1855.

» En Angleterre, la moyenne de ces quinze années est de 6 milliards, celle des deux dernières années de 8 milliards 75 millions; augmentation de 2 milliards 75 millions, ou 34 p. 100.

» En France, la moyenne des quinze années est de 1 milliard 885 millions; celle des deux dernières années de 4 milliards 585 millions; augmentation de 2 milliards 700 millions, ou 143 p. 100. »

Ainsi, depuis vingt-sept ans, le commerce de la France s'est accru de 186 p. 100, pendant que celui de l'Angleterre n'augmentait que de 145 p. 100. Dans les deux dernières années, 1856 et 1857, nous avons gagné 143 p. 100 sur la moyenne des quinze années précédentes, pendant que l'Angleterre ne gagnait que 34 p. 100.

« Ces chiffres sont la plus éloquente justification du système commercial de la France *avant le traité avec l'Angleterre*. Ils prouvent à quelles erreurs on peut se laisser entraîner quand on fait des comparaisons relatives; quand on néglige de rapprocher le point de départ et le point d'arrivée. Sans doute, nous sommes loin de nos voisins, mais nous avons marché plus vite qu'eux. Pourquoi dès lors abandonner la voie dans laquelle nous avons eu la sagesse de persévérer jusqu'ici ? » (Casimir Périer. *Traité avec l'Angleterre).*

Malgré l'importance de ces résultats, on ne peut se dissimuler que rien ne pourra diminuer les avantages de l'Angleterre sur nous, et que la lutte sera toujours onéreuse pour la France.

Je lisais, il y a quelques jours, un article de journal contenant plusieurs passages qui méritent d'être cités. Il a pour titre : *le commerce extérieur de l'Angleterre.*

« Le commerce de l'Angleterre avec les nations étrangères a une bien autre envergure que la nôtre. Tandis que notre voisine est essentiellement industrielle et commerciale, la France était constituée pour être essentiellement agricole. Sans négliger son agriculture, toute secondaire que soit pour elle cette dernière, l'Angleterre a suivi sa vocation et a si activement développé ses relations commerciales avec le monde entier qu'elle en vit et s'en enrichit.

» La France n'a pas su jusqu'ici développer dans toute la mesure qu'elle comporte sa richesse agricole ; et en favorisant ses autres industries au détriment de celles dont elle négligeait l'importance, elle les a progressivement élevées à un niveau auquel elle ne peut les maintenir que d'une manière factice. Et la voilà dans cette situation, due à un régime économique mal entendu, de ne pouvoir vivre ni de son agriculture, ni de ses industries. »

(Cela tend à dire que la France a eu tort de ne pas s'en tenir à l'exploitation exclusive de l'industrie agricole, sa principale richesse, pour alimenter l'Angleterre et en recevoir en échange tous les produits industriels de ses manufactures. Mais en installant chez elle, par le travail industriel, la manufacture de tous les objets utiles à sa consommation, elle s'est placée dans la condition à ne dépendre que d'elle-même, à pouvoir vivre libre de toute entrave, et à conserver chez elle la richesse de son immense population ouvrière, le *Travail national.*

Elle s'est soustraite ainsi à la merci de ceux qui élevaient la prétention de la nourrir et de la pourvoir dans la plus large mesure de tous les objets de sa consommation; elle a refusé de laisser inscrire à la ligne de ses frontières : *Colonie américaine ou anglaise.*)

« L'Amérique se fait fort de lui envoyer des denrées alimentaires qui, chez elle, à présent foisonnent, qu'elle obtient à des prix de revient de beaucoup inférieurs à ceux des produits similaires français, qu'il y a nécessité pour elle d'exporter, puisqu'elle n'en peut consommer que la plus faible partie.

» D'autre part, l'Angleterre, dont la production industrielle vise l'approvisionnement du monde entier, qui produit aussi à meilleur marché que nous, voudrait bien décharger nos manufactures du soin de suffire à nos propres besoins, et du souci d'aller chercher plus loin au dehors de nouveaux débouchés. »

Le traité de commerce qui lui assurerait ces avantages, sans réciprocité bien entendu, serait le bien venu pour John Bull, le *dupe échangiste* hors de paix. Frère Jonathan accepterait bien les mêmes conditions; mais il y met plus de franchise et déclare tout net qu'il entend se protéger, jusqu'à la prohibition inclusivement, si besoin est, s'il y trouve son intérêt, sans le moindre souci de celui des autres.

Aussi, tandis que ces deux pays, grands producteurs chacun à sa manière et concurrents dangereux pour nous que les charges publiques écrasent, s'enrichissent à exporter beaucoup plus qu'ils n'importent et allègent les charges de leurs nationaux du montant considérable des ressources que leur procurent de riches recettes douanières, nous nous appauvrissons en important plus que nous n'exportons et en ne percevant que des droits fortement abaissés à la frontière, quand droits à percevoir il y a.

« Voyons les chiffres officiels :

» Pendant les sept premiers mois de 1881, l'ensemble des opérations commerciales de l'Angleterre avec l'étranger s'est élevé au total de 8,897,582,100 francs. Pour la France, le chiffre a été de 4,622,282,000 francs.

» La différence est considérable. Mais ce qui pour l'Angleterre est intéressant dans ce résultat, c'est que, comparativement à la période correspondante de 1880, ses importations ont diminué de plus de 341 millions de francs, tandis que ses exportations se sont accrues de 46 millions. En France, au lieu d'une amélioration sous ce dernier rapport, nous avons eu à noter une diminution qui dépasse 197 millions de francs. »

Nous ne pouvons que déplorer les tristes perspectives qui nous menacent dans le projet, incessamment poursuivi par les tenants du pouvoir, d'un nouveau traité de commerce avec l'Angleterre.

VI

La sauvegarde du travail national : l'exploitation et le développement sur le sol français des matières premières de l'industrie.

I. Un point essentiel, dont l'autorité publique doit poursuivre sans cesse la réalisation, c'est de diminuer pour nous la valeur des matières premières de l'industrie, et tel était l'un des résultats qu'elle attendait du traité avec l'Angleterre. Les droits sur le charbon et le fer ont été abaissés, et l'Angleterre nous fournit ces produits à des prix bien inférieurs à ceux de notre production intérieure. Ces objets si essentiels à l'industrie ont subi sur nos marchés un abaissement considérable.

Mais remarquons d'abord que, si l'abaissement de la houille et du fer nous permet une diminution de frais généraux de toutes nos productions industrielles, l'Angleterre sera toujours plus favorisée sous ce rapport, puisqu'elle trouve le produit sur ses propres marchés et n'a pas à subir comme nous la charge des frais de transport.

Les industries houillères et métallurgiques sont encore en France, j'oserai presque dire, à l'état d'enfance ; elles semblaient prendre, dans ces dernières années, un essor remarquable. La houille ne manque pas à notre sol. Si l'Angleterre et la Belgique tiennent le premier rang pour la richesse des gisements houillers, la France possède aussi des bassins qui lui assurent du combustible pour plusieurs siècles.

Mais cette industrie ne peut se développer qu'à l'abri d'une protection sérieuse et efficace. Le prix de la houille s'est abaissé progressivement en France sous l'empire de la concurrence nationale et par suite d'une extraction plus abondante, mais en laissant toutefois à l'exploitant une rémunération suffisante.

Maintenue dans cette voie, l'industrie houillère se serait progressivement accrue au point de lutter, à un moment donné, avec les houilles étrangères.

L'Angleterre n'eut pas procédé autrement, et sa conduite, dans plusieurs circonstances analogues, eut bien dû nous servir de leçon.

Le prix de revient de la houille en Belgique et en Angleterre est inférieur à celui de la houille française ; et ces deux pays ont encore la facilité plus grande des transports.

Dans cette condition, voici ce qui se passe : La France consomme annuellement 11 à 12 millions de tonnes de houille ; l'Angleterre en produit plus de sept fois autant (80 millions) ; ses exportations dépassent 12 millions de tonnes, c'est-à-dire la consommation totale de la France. Sur les 12 millions que consomme la France, près de la moitié est fournie par l'étranger [1]. La production nationale ne peut être évaluée qu'approximativement, mais le chiffre indiqué est plutôt supérieur qu'inférieur à la vérité.

L'importation étrangère, jusqu'à 1830, n'était que le quart de la consommation totale; elle est devenue la moitié, et c'est particulièrement l'importation de la houille anglaise qui a progressé.

En comparant 1850 à 1858, on voit que la houille belge a gagné environ 50 0/0, la houille anglaise 120 0/0. Cet accroissement de l'importation a eu lieu malgré le droit de 0,30 c. pour la houille anglaise et de 0,15 c. pour la houille belge. Si l'étranger et surtout l'Angleterre ont pu faire de tels progrès, malgré ce qui restait de protection (insuffisante, il est vrai) à la production nationale, que sera-ce quand cette protection sera encore affaiblie ?

Il est aisé de prévoir que, dans peu d'années, les importations anglaises dépasseront de beaucoup celles de la Belgique, et que la production nationale s'abaissera à la moitié, probablement au quart des besoins de la France. Mais, qu'on le sache bien, l'abaissement des prix de revient ne sera pas le principal résultat de l'invasion de la houille anglaise : ce résultat sera le refoulement de la houille française vers les lieux d'extraction, la diminution de la production, l'élévation relative du prix de revient et *la ruine de l'exploitant*.

Quand nos sources intérieures d'alimentation seront en partie taries, la houille étrangère, maîtresse du marché, relèvera ses prix, et la France paiera cher la faute qu'elle aura commise. Quand la houille anglaise sera devenue une nécessité, quand les établissements industriels se seront

1 Documents fournis en 1860.

créés près du littoral, abandonnant peu à peu le centre pour la circonférence, la simple menace d'une rupture avec l'Angleterre leur paraîtra un arrêt de mort. Et que perdrait l'Angleterre en suspendant ses exploitations de houille? Quelques millions. C'est par centaines que se compteraient les millions qu'elle ferait perdre à ses tributaires. Jamais il n'a été plus à propos de rappeler ce mot, d'une si terrible vérité, prononcé en 1845 en plein Parlement :

« *Toute nation qui aura besoin de la houille anglaise sera vassale de l'Angleterre.* »

Dieu veuille que cette prophétie ne se vérifie jamais à nos dépens !

Remarquons d'ailleurs que l'industrie ne souffrirait pas seule de l'anéantissement de nos exploitations houillères ; notre puissance maritime se trouverait par suite singulièrement compromise.

Il faut signaler à cet égard un fait dont l'importance n'échappera à personne : « Depuis longtemps, dit Casimir Périer, la marine française, par suite d'habitudes prises d'une économie mal entendue, d'autres causes encore et *d'autres influences*, se sert presque exclusivement de houille anglaise C'est une faute ; ce serait un malheur, si, comme on l'a allégué officiellement pour justifier la mesure, il était vrai que la substitution de la houille française à la houille anglaise dût entrainer des changements considérables dans les appareils de chauffage de notre flotte à vapeur. Comment n'a-t-on pas compris qu'un pareil argument était la plus écrasante condamnation du système. A-t-on l'intention d'attendre pour faire une transformation pareille qu'une guerre soit imminente ou ait éclaté ? »

On se rappelle qu'il y a quelques années, à propos de la guerre d'Amérique, le gouvernement anglais prévenait le commerce britannique du droit que lui donnaient ses lois de déclarer *la houille contrebande de guerre.*

Sans doute, nous pourrions par des engagements préalables nous prémunir du danger, en cas de guerre, de manquer de combustible anglais ; mais que ferions-nous sous l'imminence d'un conflit avec l'Angleterre ?

Qu'on ne croie pas au moins à la possibilité de remettre, en peu de temps, nos exploitations en mesure de fournir aux besoins qui résulteraient de la suppression de trois ou quatre millions de tonnes de houille anglaise. Pour créer de nouvelles exploitations, ou pour reprendre celles qui ont été abandonnées, il faut de longues années.

L'Angleterre comprend trop bien qu'en nous étreignant dans un réseau d'exigences du genre de celle-ci, elle préviendra dans l'avenir tout conflit sérieux avec elle.

« Quelques-uns de nos manufacturiers pourraient croire qu'il n'y a pas avantage pous nous à faire baisser en France le prix du fer et du charbon ; mais ce sera un grand gage de paix *que la France dépende de nous pour son approvisionnement ordinaire de ces deux articles importants.* » (Le *Times*, 8 février 1859.)

II. Voilà donc dévoilé le but de l'Angleterre : Tenir la France sous sa dépendance ; et *il y a en France des économistes, des savants* qui travaillent à cette fin ! Mais ces hommes savent bien qu'ils compromettent notre avenir, qu'ils trahissent les intérêts du pays. Comment expliquer une pareille conduite ? quel mobile les dirige ? Je ne puis voir autre chose que des opinions vendues à l'Angleterre.

Et puis qui songe donc ici à la richesse de l'ouvrier, au *travail national* enlevé au profit de l'ouvrier anglais ?

Voyons les conséquences de ce qui précède à propos de la houille.

La houille, je l'ai dit, ne manque pas dans notre sol ; et

la France, si cette industrie était convenablement protégée, pourrait produire les 12 millions de tonnes nécessaires à sa consommation.

Nos bassins houillers, privés de toute protection, ne fournissent que 5 à 6 millions de tonnes et on en tire de l'étranger, de l'Angleterre et de la Belgique, une quantité égale.

Or, ces 6 millions que notre sol pourrait produire nécessiteraient l'intervention de 18 à 20 mille ouvriers ; la journée de travail de mineur étant en moyenne de 4 fr. par jour, on arrive au chiffre quotidien de *quatre-vingt mille francs* ravis à nos ouvriers au profit de l'étranger.

Que penser de la perpétration de pareils actes qui ont eu pour agents nos tenants du pouvoir ? Je ne fais allusion ici qu'aux faits du gouvernement impérial et des complicités vraisemblablement intéressées de Michel Chevalier et d'autres.

L'ouvrier français devrait bien comprendre après cela de quelle façon étaient alors trahis ou défendus ses propres intérêts.

Les considérations qui précèdent sont en tous points applicables à l'industrie métallurgique qui va nous occuper.

III. L'industrie métallurgique sait naturellement que le progrès de l'industrie houillère et l'intérêt bien entendu de la France serait de la développer à tout prix en même temps que celle-ci.

Cependant tout le monde s'accorde à admettre, même les libres-échangistes, que nos hauts-fourneaux et nos forges ont besoin d'une protection efficace et ne peuvent, *sous peine de mort*, être livrés à la concurrence de l'Angleterre.

Voyons ce qu'est devenue cette protection : Le droit avant le traité était de 120 francs par tonne de fer en barres, décime compris. Le traité l'a réduit à 70 francs, et en octobre 1864 à 60 francs. A ces conditions, il n'y aura que les établissements favorisés par leur situation, par la qualité des minerais et la proximité du combustible qui pourront *peut-être* subsister ; la plupart des autres devront s'arrêter et notamment tous ceux qui fabriquent le fer au bois.

Pour obtenir en 1853 l'abaissement des droits sur les fers étrangers, un journal *libre-échangiste* osa affirmer que ces droits coûtaient à l'agriculture française 200 millions par an ; c'était, disait-on, un tribut que l'agriculture payait aux maîtres de forges.

Malgré l'absurdité de l'assertion, on a cru devoir répondre en démontrant, d'après les documents officiels, que la production totale du fer en France ne dépassait pas, à cette époque, 75 millions. Le même système d'effronterie dans l'erreur fit avancer un peu plus tard, dans un recueil s'inspirant des mêmes doctrines, que la consommation du fer pouvait être évaluée à 20 kilogrammes par hectare.

Or, M. Talabot prouva, par des calculs irréfutables, que l'emploi du fer s'élevait tout au plus à deux ou trois kilogrammes par hectare. Ces calculs furent confirmés par un rapport fait à la Société centrale d'agriculture de Bruxelles, constatant que l'agriculture belge ne consommait pas trois kilogrammes par hectare.

Acceptant ce chiffre comme maximum et supposant la disparition complète des droits de douanes, le consommateur serait loin de profiter, comme l'ont avancé divers économistes, de la totalité du droit, attendu : 1° que ce droit représente plus que la différence du prix des fers sur le marché anglais et le marché français ; 2° qu'il serait par trop naïf de croire que les producteurs anglais, débarrassés de toute concurrence intérieure, ne relèveraient pas le prix de leurs ventes pour la France.

Admettons toutefois une différence de 100 francs par tonne, c'est 10 centimes par kilogramme, 30 centimes par hectare, 30 francs par an pour une ferme de cent hectares.

Je n'ai indiqué ici ces détails sur la consommation du fer par l'agriculture française que pour faire ressortir encore une fois la légèreté, pour ne rien dire de plus, qu'apportent les partisans du libre échange dans l'étude des questions qui intéressent au plus haut point l'avenir industriel de la France.

L'abaissement des droits sur le fer et la houille, loin d'être un avantage pour l'industrie, est un malheur pour la France.

C'est une condition d'existence pour une nation industrielle de posséder chez elle ces produits, d'en encourager le développement par une protection sérieuse jusqu'à l'heure où, par leur abondance, ils puissent, sur le marché national, accepter la concurrence étrangère.

La lutte prématurément engagée peut entraîner chez nous la ruine de ces industries à cause des avantages exceptionnels de nos voisins, et compromettre gravement l'avenir. « Jusqu'à ce que l'homme, dit Casimir Périer, ait trouvé un agent de force illimitée qui remplace la vapeur, ou trouvé moyen de développer la vapeur sans une grande consommation de combustible, la houille restera autant que le fer même, le plus indispensable élément de la prospérité et de la force des nations. »

A un autre point de vue, l'anéantissement des industries métallurgiques et houillères porte une grave atteinte au travail national. Bien que regardés comme matières premières, le fer et le charbon ne sont livrés à la consommation qu'au prix d'un travail considérable, et ce travail, qui est la richesse de l'ouvrier, serait perdu pour la France par rapport à ces produits fournis par l'étranger. On sait à quel chiffre énorme s'élève la population ouvrière livrée à ces deux genres d'exploitation et quel préjudice entraînerait leur disparition du sol de la France.

Je ne veux pas quitter ce sujet sans faire remarquer les conditions respectives de l'Angleterre et de la France par rapport au prix de revient du fer. Le prix actuel du fer sur le marché anglais, prix plus élevé que la moyenne, est (par tonne) de. 160

Le transport 20

Le droit réduit à 70

La tonne ressort à fr. 250

Ce prix n'est pas rémunérateur pour un grand nombre de nos usines qui sont en vive souffrance avec le prix actuel de 260 à 270 francs.

L'Angleterre fera descendre ses prix à 125 et 120 francs, jusqu'à ce qu'elle ait anéanti tous nos établissements métallurgiques, pour les relever ensuite à un prix largement rémunérateur. Mais ce que je tiens surtout à constater, c'est que, dans ces conditions, l'élément le plus important de toute industrie, le fer, coûtera toujours 75 à 80 % plus cher à la France qu'à l'Angleterre. On verra plus loin que bien d'autres matières sont également pour nous d'un prix de revient plus élevé.

Considérons maintenant ce que fera la France pour lutter, à armes si inégales, contre la concurrence anglaise, quand l'abri de ses droits protecteurs aura été encore abaissé.

VII

De la concurrence commerciale et industrielle. Ses avantages et ses dangers.

I. Entre toutes les conditions capables d'exercer sur l'avenir des populations ouvrières en France une influence considérable, il n'en est pas de plus importante et de plus grave à mes yeux, que celle de la concurrence industrielle et commerciale.

Considérée sous son aspect le plus général, cette question est intimement liée à celle des traités de commerce internationaux, et au grand débat ouvert entre les deux systèmes économiques qui partagent aujourd'hui les esprits. C'est à ce point de vue qu'elle fut traitée, il y a quelques années, au sein de l'une de nos grandes assemblées législatives.

L'importance de cette discussion n'a échappé à personne, la France entière en a suivi les phases avec le plus vif intérêt, et j'oserai dire avec anxiété...

On a vu au service de l'une et l'autre opinion des défenseurs habiles et dévoués; des deux côtés, on a invoqué, mais par des motifs, ce me semble, de valeur fort inégale, la sauvegarde des intérêts du peuple.

Je ne crois pas toutefois qu'on ait fait ressortir autant qu'elle le mérite l'influence qu'exerce, sur *le travail national,* la liberté absolue du commerce et de l'industrie; c'est ce côté de la question que je me propose d'examiner rapidement.

Nous n'avons pas cessé depuis vingt-cinq ans d'entendre préconiser autour de nous les avantages et les bienfaits de la concurrence. On l'a signalée comme le seul moyen efficace de régler la valeur des choses, comme l'un des agents les plus puissants du progrès industriel, comme une garantie de la stabilité des nations. Je ne conteste aucun de ces résultats dans une certaine mesure; mais, à côté de ces éloges, on cherche vainement l'exposé des dangers qui peuvent s'ensuivre. Ceux-ci cependant sont loin d'être illusoires; mais on les considère comme inhérents aux sociétés mal établies, aux nations tourmentées et inquiètes de l'avenir.

On trouverait difficilement aujourd'hui un peuple modèle qui n'ait pas à souffrir des conséquences désastreuses d'une concurrence effrénée; et, en attendant que le retour aux vrais principes de moralité et de dignité ramène parmi nous la confiance dans l'ordre et la stabilité, la France s'effraie d'une situation qui peut devenir compromettante pour son avenir.

Je ne compte pas m'arrêter à définir longuement la concurrence ; je veux seulement signaler l'assimilation qui a été faite de la concurrence commerciale avec celle qui a pour but l'obtention d'une place, d'une charge ou d'un titre honorifique ou lucratif quelconque ; des deux côtés, dit-on, il y a lutte et antagonisme.

D'une part, on fait valoir le mérite personnel, les conditions d'aptitude, les services antérieurs; puis on met en jeu toutes les influences de protection et de patronage capables de s'exercer sur le pouvoir qui dispose seul des objets de la convoitise ; enfin on a recours aux manœuvres occultes de corruption et de captation.

D'autre part, il s'agit aussi d'un pouvoir à fléchir ou à incliner vers soi : ce pouvoir, c'est le consommateur; il faut faire ressortir le mérite du produit et tous les avantages qu'il présente ; ensuite recourir aux influences indirectes par les systèmes d'annonces, de réclames sous toutes les formes, si communes de nos jours, aidées trop souvent de menées occultes et effrontées, de mensonge et de mauvaise foi. Mais, sans m'arrêter davantage à tous ces détails, je m'attache à ce seul fait incontesté, que la concurrence est une lutte dont l'issue nous occupera plus loin.

Or, cette lutte s'exerce sous le patronage d'un pouvoir, à l'abri de lois et d'institutions qui en règlent les conditions, les maintiennent identiques pour tous, quant aux choses extérieures, et ne tolèrent pour armes courtoises que ce qui tient aux avantages individuels, tels que aptitude intellectuelle, activité physique, mérite personnel, fortune acquise, etc...

Il n'en serait plus de même si la concurrence s'établissait sur d'autres bases; entre deux nations, par exemple, soumises à des institutions différentes, et offrant, sous plusieurs rapports, de grandes variétés quant à la production: l'une rencontrant de plus grands avantages dans la protection du Pouvoir, dans une plus grande liberté d'action, de même que dans la valeur des matières premières et l'abaissement du prix du travail. Dès lors, la faculté plus grande de la production rend les conditions de la concurrence toutes différentes; et la lutte ne devient plus que l'écrasement du plus faible par celui qui jouit des plus grandes faveurs, si une combinaison nouvelle n'intervient pour rétablir l'équilibre.

Je ne puis trouver ici de meilleure assimilation que celle de nos courses hippiques dans lesquelles les conditions principales de la lutte se règlent par une mesure rigoureusement positive, par le poids. Tout étant égal d'ailleurs, le plus léger est chargé de lest jusqu'à ce qu'il fasse équilibre à son concurrent; le résultat se trouve dès lors subordonné aux seules qualités individuelles.

Ces prémisses posées, voyons les effets de la libre concurrence dans les situations diverses où elle s'exerce sous nos yeux. Je veux les considérer successivement dans leurs rapports avec l'industrie et avec la situation des classes ouvrières.

II. Lorsque, dans une petite cité, un trafic, quel qu'il soit, se trouve exploité par un nombre restreint ou même par un seul individu, si un établissement analogue vient se fixer dans le même lieu, celui-ci est forcé, pour se créer une clientèle, de fournir ses produits à un prix inférieur à celui des établissements anciens; de là la concurrence.

Mais le premier occupant, au lieu d'imiter seulement le nouveau venu dans l'abaissement de ses tarifs, descendra immédiatement à la dernière limite des prix rémunérateurs, et, s'il est suivi jusque-là, il offrira ses produits à un taux inférieur à leur valeur réelle.

Cette situation subsistera jusqu'à la ruine de l'un d'eux. Le survivant, en possession du monopole, relèvera dès lors ses prix à un taux rémunérateur, et s'il n'a à redouter nulle concurrence actuelle, il les portera au-delà dans la mesure des sacrifices qu'il aura dû faire. Dans cette lutte commerciale, celui qui pourra le plus longtemps soutenir le sacrifice imposé par la concurrence l'emportera toujours; ce sera le plus riche.

On donne, je le sais, cette condition de la libre concurrence comme éminemment favorable au consommateur qui paie à un prix très bas, et souvent au-dessous de leur valeur réelle, les objets dont il s'agit; on ne peut cependant oublier l'influence que présentent de tels procédés au point de vue moral. Le marchand, contraint à céder devant une concurrence ruineuse, n'hésitera pas à s'engager dans une voie de tromperie sur la qualité des produits et mettra tout en œuvre pour rendre ses pertes moins onéreuses en ne sauvegardant que les apparences ; de là ces abus odieux dont les industries de nos jours offrent de si fréquents exemples et qui, bien souvent, quand ils portent sur les objets de consommation alimentaire, compromettent gravement la santé publique.

Sans doute, de ce côté, l'autorité peut sauvegarder, par sa vigilance, les intérêts du consommateur ; mais le génie de l'intérêt épuise auparavant toutes ses habiletés, et on ne parvient souvent à découvrir ses fraudes qu'après une longue et funeste pratique.

Nous recueillons d'ordinaire les plus tristes impressions à l'endroit de ces petits commerces qui se jouent si souvent de la vie de l'homme en faisant, des produits alimentaires dont il use tous les jours, des agents nuisibles et dangereux. Sans vouloir justifier en rien une pareille conduite, remarquons seulement qu'elle a bien souvent pour cause déterminante l'immoralité de la concurrence commerciale.

Ce qui se fait dans le trafic de détail, se reproduit dans le commerce en gros. Mais, comme la lutte s'exerce ici entre des rivalités puissantes et que la ruine de l'une coûterait trop cher à l'autre, on a recours à des combinaisons occultes, soigneusement méditées, capables de réduire notablement la valeur des produits, n'en modifiant que les qualités, mais sauvegardant surtout les apparences. Elles permettent à l'exploitant un abaissement de prix modique, il est vrai, mais qu'il peut soutenir longtemps sans préjudice pour ses intérêts. Le mal bientôt devient contagieux ; c'est une lutte d'habileté et de finesse qui tourne, en dernière analyse, au préjudice du consommateur. Celui-ci paie les produits au plus bas prix possible, mais, trompé sous plusieurs rapports, il ne recueille aucun avantage réel de cet abaissement.

III. De la concurrence commerciale reportons-nous à la concurrence industrielle, et voyons, à un autre point de vue, ses résultats.

Supposons une ville ou une province dans laquelle une industrie, implantée de temps immémorial, se trouve exploitée par un grand nombre d'habitants et occupe la plupart des ouvriers.

Il vient à l'un de ceux-là l'idée d'exploiter en grand cette industrie ; il fonde un atelier immense, y installe des machines d'invention nouvelle qui diminuent l'emploi des bras et multiplient notablement la somme de travail. La surabondance de la production lui permet d'abaisser ses prix à des limites impossibles pour tous ses confrères qui ne peuvent, à cause de leur peu de fortune, adopter les nouveaux systèmes. Ils doivent donc tous s'arrêter devant cette redoutable concurrence.

Les nombreux ouvriers qui vivaient jusque-là de cette industrie trouveront à s'occuper dans l'atelier nouveau ; mais les machines remplaçant, en partie du moins, le travail de l'homme, il faudra chercher ailleurs l'emploi des bras en surcroît ; à moins toutefois que la production ne s'accroisse indéfiniment et ne dépasse de beaucoup celle de l'industrie ancienne disséminée dans le pays.

Je n'ai considéré jusqu'ici que la concurrence de l'industrie nationale, de celle qui s'exerce sous l'empire de lois et d'institutions identiques, sous l'équilibre des mêmes conditions du sol et du travail, et rendent la lutte aussi équitable qu'elle peut l'être. Ce qu'un industriel isolé a pu faire, un autre le pouvait ; et si, comme il arrive d'ordinaire, un seul parvient à la fortune, tandis que les autres succombent, c'est le sort du combat dans lequel les qualités individuelles ont dû seules décider du succès.

Les avantages qui ressortent d'un développement industriel plus considérable ne troublent en rien le travail national qui est l'un des éléments de la production.

L'introduction et l'invention de machines nouvelles sont le produit de l'activité humaine ; et l'homme de génie qui le premier les met en œuvre a droit à en recueillir les premiers avantages ; nulle entrave n'est apportée à cette exploitation, et si, pour quelque temps, ces inventions nouvelles ont remplacé les forces du travail, les bras de l'homme ont pu s'appliquer à une production plus abondante, conséquence ordinaire de ces inventions elles-mêmes.

IV. Considérons maintenant la concurrence internationale.

La situation n'est plus la même.

Les conditions d'existence de l'industrie varient chez tous les peuples. La différence des lois et des institutions plus ou moins favorables au développement industriel, la nature des productions du sol, l'existence ou l'absence des matières premières de l'industrie, le développement de la population sont des causes qui font varier, dans une mesure quelquefois considérable, les avantages de la production. Il ressort de là des différences très grandes dans le prix de revient des produits.

Eh bien, supposez un peuple favorisé par des institutions largement libérales en faveur de l'industrie, dont le sol fournit abondamment les premiers éléments du travail, dont la population nombreuse peut suffire à une production illimitée; ce peuple, si favorisé sous tous rapports, développera dans une mesure immense toutes les branches de l'industrie; il produira non seulement de quoi suffire à sa population tout entière, mais encore de quoi alimenter toutes les nations voisines, et comme, eu égard aux avantages dont il jouit chez lui, il obtient toutes les choses de sa fabrication à un prix de revient infiniment plus bas que tous les autres peuples, il parvient facilement à en opérer le placement partout où la liberté lui laisse accès.

Posez maintenant une telle nation en concurrence avec une autre privée de ces avantages et qui ne peut produire qu'à un prix plus élevé tous les objets de sa consommation. L'affluence des produits étrangers aura bientôt arrêté la production nationale, la libre concurrence écrasera son industrie.

La lutte sera impossible; et, pour la rendre praticable, il faudra, *en toute rigueur*, équilibrer les conditions en imposant au produit étranger une taxe proportionnelle qui laisse des deux côtés une chance égale.

Cette taxe revient de droit à l'Etat, car elle est destinée

à alléger les charges contributives qui pèsent, dans tous pays, sur l'industrie nationale et dont le produit étranger qui vient s'offrir à la consommation se trouverait affranchi. Quoi de plus équitable, je le demande, qu'un pareil procédé? Les nations voisines sans doute procèderont de la même manière contre vos propres produits ; qui donc pourrait s'en plaindre?

La seule nation exposée à en souffrir, serait celle-là même qui, pourvue de faveurs exceptionnelles, porte sa production à des limites supérieures à sa consommation. Mais de quel droit prétendrait-elle pouvoir impunément écraser, par sa concurence, l'industrie des peuples voisins? A quel titre empêcherait-elle ceux-ci de sauvegarder le travail national et de protéger leur industrie ?

Ces droits *protecteurs*, pour être efficaces, doivent être tels qu'ils ramènent toujours la valeur des produits étrangers au prix de revient de ceux de l'industrie nationale.

On pourrait croire *à priori* que cette garantie serait constamment efficace et qu'elle protégerait suffisamment le travail national. Il n'en est pas ainsi cependant en face d'une nation qui, avec une population et un territoire restreints, a élevé sa production industrielle bien au-delà des limites de sa propre consommation. Lorsque l'exagération de la production a amené une exubérance extrême de produits, il faut, pour que le travail continue, que ceux-ci s'écoulent à tout prix. L'industriel, placé entre l'alternative de cesser le travail ou de vendre avec perte, préfère ce dernier parti ; les bénéfices considérables qu'il a pu faire sur ses premières ventes le lui permettent d'ailleurs. Il peut écouler sans essuyer de perte, les produits qui encombrent ses magasins à 40 et 50 p. 100 au-dessous de leur valeur ; souvent même il se liquide avec une défaveur plus considérable encore ; et la perte qu'il subit alors, il compte la recouvrer dans une fabrication nouvelle lorsque, la crise passée, il verra les prix remonter à leur ancienne limite. Mais où écoulera-t-il ces produits? Ce ne sera pas sur ses propres marchés, il donnerait le coup de grâce à l'industrie, il prolongerait la crise pendant tout le temps nécessaire à la consommation de ce surcroît.

Tandis que ces produits continueront d'être maintenus sur le marché national à un prix réellement rémunérateur, ils seront donnés à 70 ou 80 p. 100 au-dessous de leur valeur sur les marchés étrangers. Devant ce parti-pris d'un sacrifice incroyable, que peut faire, je le demande, un droit protecteur de 30 p. 100? Les marchés librement ouverts seront les premiers exploités; mais ceux qui protègent leur industrie le seront à leur tour; et si jusque-là une nation, qui a abrité la sienne sous l'égide de ce système tant honni de nos jours, a pu se garantir longtemps des chômages et des crises, elle verra aussitôt le travail s'arrêter et partagera tous les désastres qui sont la conséquence intermittente de la liberté.

Les hommes peu initiés à la marche des grandes affaires commerciales pourraient considérer comme pure hypothèse l'exposé d'une telle situation; ils ne sauraient admettre qu'une industrie nationale soit jamais réduite à une telle détresse et, s'il était vrai qu'il en fut ainsi, toutes les nations voisines, qui ont à cœur leur propre conservation, devraient redouter *toute relation commerciale avec elle comme le plus grand de tous les dangers.*

Eh bien, cette situation est littéralement celle de l'Angleterre qui se voit contrainte, tous les quatre ou cinq ans, de se liquider à des conditions aussi désastreuses. Elle n'est pas sans doute insensible aux pertes qu'elle doit subir alors; mais ces énormes sacrifices elle les fait non sans quelque espérance dans l'avenir; elle cherche ainsi *à écraser, par cette concurrence redoutable, l'industrie des nations voisines* pour en exploiter ensuite le monopole à des prix qui, pour quelque temps du moins, viendront compenser les sacrifices qu'elle aura précédemment dû s'imposer.

Voyons ce qui se passe par rapport à l'une de nos industries les plus considérables, à l'industrie cotonnière.

L'Angleterre fabrique annuellement une masse de cotons *suffisante pour la consommation de la France pendant plusieurs années.*

En 1857, cette nation a importé 441 millions de kilogrammes de coton en laine ; en a exporté 60 et mis en œuvre 381 millions de kilogrammes. Elle a exporté des tissus et fils de coton pour une valeur de 975 millions de francs.

La France, dans la même année, a importé 91 millions de kilogrammes de coton en laine ; en a exporté 13 millions et mis en œuvre 73 millions de kilogrammes. Elle a exporté des tissus et fils pour une valeur de 188 millions.

L'Angleterre, tous les quatre ou cinq ans au plus, traverse une crise périodique due à l'excès de la production, à l'encombrement de ses propres marchés et de ceux qu'elle exploite. La crise amène une liquidation du stock qui se vend 30, 40, 50 et jusqu'à 60 et 80 p. 100 de perte.

Que devient en présence d'une pareille invasion le droit protecteur de 25 ou 30 p. 100 ? Le marché français ne sera pas le dernier désormais à servir à la liquidation anglaise et restera inondé pour longtemps ; tandis que nos rivaux débarrassés de leur trop-plein, dédommagés à l'avance de leurs sacrifices par les bénéfices réalisés avant la crise, se remettront à l'œuvre de plus belle.

Voici une citation qui vient confirmer l'exactitude des faits précédents ; elle est extraite d'un curieux document publié il y a quelques années par ordre de la Chambre des communes :

« Généralement les classes laborieuses, dans les districts manufacturiers de la Grande-Bretagne, savent très peu combien elles sont redevables à ceux qui les emploient malgré tout au prix de pertes immenses volontairement encourues dans les temps mauvais, *afin de détruire la concurrence étrangère et de gagner et garder la possession des marchés étrangers.* Des exemples authentiques sont bien connus de chefs d'établissements ayant, dans des temps de cette espèce, tenu leurs ateliers ouverts malgré une perte de 10 millions de francs.

» Les vastes capitaux de ce pays sont les grands instruments de notre état de guerre contre le capital concurrent des nations étrangères; ils sont les plus essentiels instruments qui nous restent pour maintenir notre suprématie manufacturière. Les autres éléments, le travail à bas prix, l'abondance des matières premières, les moyens de communication, l'habileté de la main-d'œuvre peuvent se rencontrer également chez les nations voisines; mais celles-ci ne peuvent que très difficilement entrer en lutte avec nous. »

Voici une démonstration plus concluante encore, s'il est possible, empruntée au *Moniteur universel.*

Un Anglais, Ch. Wilson, qui a fait un livre très curieux intitulé : *De l'influence des capitaux anglais sur l'industrie européenne,* explique comment l'industrie anglaise est constituée de façon à exporter sans cesse, et *à tout prix,* ses produits au dehors, et à *écraser les cours* sur les marchés dont elle peut craindre la rivalité.

« Il y a deux systèmes d'exportation : le premier et le plus important consiste à exporter les produits restés en magasin après que le marché intérieur a été totalement approvisionné. Ceci a principalement rapport aux fabricants de soie, lin, coton et laine dont les magasins renferment, à la fin de chaque saison, des quantités qu'il leur a été impossible de vendre.

» S'ils voulaient forcer la vente de ces marchandises sur les marchés intérieurs, ce ne pourrait être qu'en faisant un sacrifice de 25 et même 50 p. 100 sur les prix auxquels les premières parties ont été vendues. C'est pourquoi le producteur doit être doué d'un coup d'œil assez sûr pour connaître l'étendue de la consommation intérieure et pour savoir à quelles époques il ne doit plus s'attendre à recevoir des demandes sur les articles qu'il fabrique.

» Quelques hommes sont bien supérieurs à d'autres dans ces appréciations qu'ils fondent sur leur propre expérience. Nous avons connu divers fabricants qui se sont ruinés parce qu'ils retenaient obstinément chaque année des soldes importants de marchandises surannées ; tandis que nous en avons vu d'autres, doués d'un jugement plus sûr, exporter leurs restants de magasins aussitôt qu'ils voyaient le marché intérieur entièrement fourni et rentrer ainsi promptement dans leurs fonds, ce qui les mettait à même de recommencer sans embarras à fabriquer de nouveaux articles pour la saison suivante, de façon à les représenter sur le marché en temps opportun. Il n'y a pas d'hommes qui comprennent mieux ces principes que les fabricants anglais.

» Nous avons vu fréquemment des articles anglais se vendre en Espagne, en Italie, en Allemagne, et on peut ajouter en France, à des prix inférieurs de 30, 40 et même 80 p. 100 à ceux auxquels ces mêmes articles s'étaient vendus à Londres. »

Sans doute ces procédés si clairement décrits par M. Wilson ne sont pas nouveaux et sont à la portée de tous les pays ; mais, comme il le fait remarquer, il n'y a pas d'hommes qui comprennent mieux ces principes que les fabricants anglais ; ajoutons qu'il n'y en a pas qui sachent mieux les mettre en pratique et qui soient mieux armés pour en tirer profit ; car les débouchés qu'ils ont conquis à l'étranger ou qu'ils trouvent dans les colonies de leur immense empire, assurent le placement de la plus large part de leur production et leur permettent de supporter sur le reste des sacrifices qui écraseront leurs rivaux.

Ce n'est pas tout encore. La crise de 1857 ne peut être oubliée, bien qu'elle ait passé sur la France sans trop l'atteindre; mais il est utile de lire les curieuses révélations du *Times* (20 juillet 1858) sur la direction donnée aux opérations industrielles et commerciales en Angleterre :

« Un système *frauduleux* de vente à tous prix, dit-il, s'était établi sur toute la surface du royaume; un grand nombre des plus importants exportateurs s'appliquaient, de parti délibéré mois après mois, à expédier dans les ports étrangers des marchandises pour les y vendre à grosses pertes, uniquement afin de se donner des apparences d'un grand mouvement d'affaires de nature à déterminer les banques d'escompte à leur continuer leurs avances. »

Et ailleurs : « En présence de l'énorme accroissement de nos exportations trop de gens s'écriaient, sans regarder au fond des choses : *prospérité ! prospérité !* Avec bien plus de raison, nous nous écrierons aujourd'hui : *immoralité ! immoralité !* »

Qu'on veuille bien se rappeler que ce langage est tenu par un ardent champion du libre-échange.

« C'est bien assez, disait M. Thiers en 1851, d'être malheureux de son propre malheur sans l'être encore du malheur de ses voisins. »

« Que serions-nous devenus en 1857, dit Casimir Périer, si nous avions dû supporter les conséquences de cette effrayante liquidation du commerce anglais dont l'Amérique fit d'abord les frais, dont les conséquences retombèrent si cruellement sur les premiers coupables et dont l'ébranlement s'étendit sur presque toutes les places de l'Europe ? Survienne désormais pareille crise et nous y prendrons notre large part pour l'honneur des principes et la plus grande gloire du libre-échange.

» C'est alors que ceux de nos industriels, s'il en existe, qui croient pouvoir soutenir la lutte, sauront à quoi s'en tenir. Ce n'est qu'alors que la France connaîtra bien ce qu'*elle devra à la liberté des échanges avec l'Angleterre.* »

Je le demande maintenant à tout homme de bonne foi : quelle nation, à la vue de pareils procédés, ne frémira à la pensée d'une concurrence établie dans de telles conditions, et que peut-il résulter, je ne dis pas seulement de la lutte inégale sous l'empire du libre-échange, mais même de celle qui aurait lieu à l'abri d'un droit protecteur de 25 à 30 0/0 ? Car, en supposant que ce droit fût efficace en temps ordinaire, il deviendrait tout à fait illusoire au jour des crises commerciales ; et si ces crises, dans le système de production illimitée, doivent périodiquement se reproduire à de courts intervalles, l'Angleterre écrasera de sa redoutable concurrence l'industrie de toutes les nations rivales.

VIII

Conséquences de la concurrence internationale pour le travail.

I. La concurrence industrielle que j'ai montrée si funeste à l'industrie nationale quand elle lutte avec l'étranger dans des conditions d'existence inégales, doit entraîner en même temps, comme rigoureuse conséquence, la ruine du *Travail national.*

Un point sur lequel il n'y a, en économie politique, nulle dissidence possible, c'est que le travail constitue, sinon la plus grande, du moins l'une des principales richesses d'une nation. Tout travail consiste à élever les matières premières à la valeur des objets de consommation, et c'est cet accroissement de valeur qui constitue la richesse de l'ouvrier.

La prospérité d'un peuple dépend de la somme de travail qu'il produit; quand même il aurait la faveur de tirer de son sol les premiers éléments du travail, les matières premières, si ces matières, de valeur intrinsèque secondaire, sont portées ailleurs pour y subir la transformation en objets de consommation, ce peuple, loin d'accroître sa richesse, deviendra tributaire de l'étranger et verra rapidement décroître sa population, par ce motif que le travail appelle la population, *et que la population, c'est la richesse nationale par le travail.* De là vient que toute nation doit faire tous ses efforts pour conserver et accroître le travail producteur, et ne doit pas tolérer que le produit de l'industrie étrangère, en s'offrant à la consommation, ne vienne anéantir la *richesse du peuple.*

Or, que faire pour empêcher cette lutte ruineuse? Une seule chose : en équilibrer les conditions.

Si l'étranger peut produire à plus bas prix, par suite des avantages que je signalais tout à l'heure, il faut que ses produits n'arrivent sur nos marchés qu'à des conditions égales; et ce but ne peut être atteint que par une charge nouvelle ou un impôt qui devient protecteur de notre propre travail, et l'empêche d'être anéanti par le travail étranger.

Envisagée à ce point de vue, on apprécie bien l'importance des tarifs de douanes, qui ne sont autre chose que des entraves à une concurrence inégale et par conséquent injuste.

On fait ressortir d'ordinaire contre les théories protectionnistes l'intérêt des consommateurs favorisés surtout par la libre concurrence des produits étrangers ; mais il sera toujours vrai que la consommation de ces produits n'interviendra qu'au préjudice du travail, c'est-à-dire des intérêts du peuple.

Cependant, qu'arrive-t-il quand la concurrence étrangère est parvenue à anéantir la production nationale? Elle a dû d'abord, pour en arriver là, abaisser ses prix au-dessous de ceux du produit similaire local ; et comme celui-ci pour s'écouler a dû s'abaisser tout de suite au taux strictement rémunérateur, la concurrence étrangère, grâce aux faveurs exceptionnelles dont elle jouissait, a pu descendre encore au-dessous de cette limite, et dès lors le prix rémunérateur du produit étranger étant inférieur, impose au produit local une perte réelle. Mais, dans l'hypothèse même où les deux produits puissent lutter un moment à des conditions à peu près égales, quelques avantages de détail minimes peut-être mais réels, dépendant de la production sur une plus vaste échelle, ou bien de l'abaissement du prix de la main-d'œuvre par suite de la concurrence même du travail et de l'exubérance d'une population aux abois, peuvent exister en faveur de la production étrangère, et dès lors l'abaissement en est la conséquence.

Dans cette condition, l'industrie locale sera forcée de suivre la même voie pour arriver à de nouveaux moyens de réduction : elle élèvera sa production sur une base immense pour diminuer ses frais généraux; et elle devra enfin porter ses réductions sur le *prix de la main-d'œuvre*, c'est-à-dire sur le *salaire de l'ouvrier*.

Ce salaire, qui devrait être toujours basé sur le prix des choses nécessaires à la vie, ne sera plus subordonné désormais qu'au prix du travail chez les peuples qui sont en lutte ; et si, dans l'un de ces pays, le peuple, rongé de misère, abruti par l'ignorance et la débauche, ne travaille que comme bête de somme ; si, grâce à l'offre et à la concurrence, l'ouvrier est forcé, pour ne pas mourir de faim, d'accepter le travail à tout prix, la concurrence internationale devra nécessairement imposer les mêmes conditions chez tous les autres peuples. Dès lors, la liberté illimitée de l'industrie deviendra, pour les classes ouvrières, *la misère et la détresse illimitées.*

Sous quelque point de vue qu'on considère la liberté de la concurrence industrielle, on la verra toujours aboutir à cette perspective terrible, *l'universalité de la misère de l'ouvrier.*

Quoi donc, parce que l'industrie anglaise, pourvue de faveurs exceptionnelles tant de fois énumérées, après avoir épuisé toutes les sources de réduction sur la production industrielle, en est venue à abaisser le salaire de l'ouvrier à des limites qui rendent la vie presque impossible, il faudra que l'industrie française la suive dans cette voie, si elle ne veut pas se laisser écraser par elle !...

II. La misère des classes ouvrières suivra toujours les progrès de la production exagérée; et tout peuple qui voudra soutenir la concurrence avec les nations étrangères, se trouvera forcé de marcher à l'unisson avec elles, et d'imposer aux classes laborieuses les mêmes conditions du travail. Quel que soit le prix des objets essentiels à la vie; que l'ouvrier soit contraint pour vivre à une dépense plus élevée dans un pays que dans un autre, le prix du travail ne sera plus fixé sur cette base, mais sur le prix abaissé de la main-d'œuvre dans le pays le plus favorisé par la vie à bon marché, ou le plus atteint par le cri de la misère.

La concurrence industrielle internationale entraîne donc nécessairement la concurrence désastreuse du travail.

Dans les jours de grande prospérité, quand l'offre du travail se trouve inférieure à la demande, les prix peuvent s'élever; mais cette situation se soutenant quelque temps, l'abondance du travail fait affluer la population, et cela même, par le fait de la concurrence, en ramène le prix à un taux en harmonie avec celui des objets de consommation. Mais advienne une crise par l'excès de la production la demande s'arrête, et l'offre excédant alors par le fait des chômages, entraîne un abaissement considérable de prix, abaissement subi par la dure nécessité de ne pas mourir de faim.

Ici encore, c'est la concurrence internationale qui entraîne cette réduction illimitée, et qui force ainsi l'ouvrier à subir des conditions considérées jusque-là comme impossibles.

Tout le monde sait à quelles limites d'abaissement se trouve descendu le travail en Angleterre; et comme c'est le prix de la main-d'œuvre qui fait en grande partie la valeur du produit, c'est à cette cause que l'Angleterre est redevable du bas prix exceptionnel de toutes ses productions industrielles.

Cela étant, si vous tolérez dans une nation la libre concurrence des produits anglais, vous *lui imposez par le fait l'obligation* de réduire aux mêmes limites le prix du travail, et c'est sur l'ouvrier que pèse le plus lourdement le fardeau d'une concurrence inégale.

Si nous comparons la France à l'Angleterre, nous pouvons remarquer que la situation de nos classes ouvrières est loin jusqu'ici d'être aussi déplorable que dans le Royaume-Uni. Mais les exigences de la lutte industrielle rendront, avant peu de temps, les conditions tout à fait identiques; et il faut nous attendre à voir la misère anglaise et le hideux fantôme du paupérisme atteindre des proportions jusque-là inconnues parmi nous. Alors s'accomplira cette triste prédiction écrite, il y a plus de quarante ans, par un homme éminent magistrat et savant économiste à la fois : « Le paupérisme, développé par l'accroissement des classes ouvrières, résultat inévitable de la production industrielle illimitée, par les vicissitudes du commerce, par la corruption des mœurs et par le renversement d'institutions utiles, est devenu un fardeau écrasant pour l'Angleterre, et commence à devenir intolérable et alarmant pour quelques États de l'Europe et même pour la France. »

Il ressort des développements qui précèdent, que le plus grand malheur qui puisse atteindre la France serait de se laisser aller dans la voie de liberté illimitée dans laquelle veut l'entraîner l'Angleterre. Que la nation française ne perde jamais de vue que l'Angleterre doit sa prospérité inouïe et ses immenses richesses aux *systèmes de prohibition et de protection poussés à leurs dernières limites*; que les doctrines qu'elle tend à faire prévaloir aujourd'hui, seules capables de maintenir sa puissance, ne peuvent être avantageuses qu'à elle, et ne seraient pour toutes les autres nations qu'un système de *duperie et d'aberration*.

Que la France, le plus beau marché du monde, ne doit avoir rien tant à cœur que de conserver pour elle seule les prérogatives exceptionnelles d'une double population agricole et industrielle, pouvant suffire par la fécondité de son sol à une exhubérance d'alimentation pour ses habitants, et pouvant développer encore dans une large mesure, la double catégorie de producteurs et de consommateurs vivant sous l'empire des mêmes avantages et des mêmes droits, à la condition de se sauvegarder de toute concurrence étrangère *exceptionnellement privilégiée*.

« Les peuples, écrivait un publiciste éminent du commencement de ce siècle, parvenus aux dernières limites de leur production industrielle et du développement exagéré de leur population, sont destinés tôt ou tard à périr par l'excès même de la production et de la population, si la richesse agricole et l'étendue du territoire ne permettent pas le développement d'une immense population uniquement consommatrice des produits de l'industrie. Au contraire, un peuple réalisant cette dernière condition, pourra subsister pendant des siècles à l'abri de ces crises terribles et inévitables dont notre époque nous présente presque périodiquement le douloureux tableau. »

TABLE

Lille.— Imp. Lefèbvre-Ducrocq

www.ingramcontent.com/pod-product-compliance
Ingram Content Group UK Ltd.
Pitfield, Milton Keynes, MK11 3LW, UK
UKHW031946260826
14628UKWH00004B/1887

9 782019 128227